NOS MORTS ONT BESOIN DE NOUS

POUR AVANCER DANS LA LUMIÈRE

De la même auteure:
Les morts nous donnent signe de vie, © Édimag, 2005
Des esprits habitent nos maisons, © Édimag, 2006
Horoscope 2007, © Édimag, 2006
Horoscope intuitif 2008, © Édimag, 2007

C.P. 325, Succursale Rosemont,
Montréal (Québec) Canada H1X 3B8

Téléphone: (514) 522-2244
Internet: www.edimag.com
Courrier électronique: info@edimag.com

Mise en pages: Maryse Minville
Correctrices: Hélène Paraire, Pascale Matuszek

Dépôt légal: quatrième trimestre 2007
Bibliothèque et Archives nationales du Québec
Bibliothèque nationale du Canada

© 2007, Édimag inc. Tous droits réservés pour tous pays.
ISBN: 978-2-89542-255-6

Imprimé au Canada.

Aucune section de cet ouvrage ne peut être reproduite, mémorisée dans un système central ou transmise par quelque procédé, électronique, mécanique, photocopie, enregistrement ou autre, sans la permission écrite de l'éditeur.

Édimag inc. est membre de l'Association nationale des éditeurs de livres (ANEL).

Québec ██   Canada

L'éditeur bénéficie du soutien de la Société de développement des entreprises culturelles du Québec pour son programme d'édition.

Nous reconnaissons l'aide financière du gouvernement du Canada par l'entremise du Programme d'aide au développement de l'Industrie de l'édition (PADIÉ) pour nos activités d'édition.

MARYLÈNE COULOMBE

NOS MORTS ONT BESOIN DE NOUS

POUR AVANCER DANS LA LUMIÈRE

NE JETEZ JAMAIS UN LIVRE

La vie d'un livre commence à partir du moment où un arbre prend racine. Si vous ne désirez plus conserver ce livre, donnez-le. Il pourra ainsi prendre racine chez un autre lecteur.

DISTRIBUTEURS EXCLUSIFS

Pour le Canada et les États-Unis
LES MESSAGERIES ADP
2315, rue de la Province
Longueuil (Québec) CANADA   J4G 1G4

Téléphone: 450 640-1234
Télécopieur: 450 674-6237

Pour la Suisse
TRANSAT DIFFUSION
Case postale 3625
1 211 Genève 3   SUISSE

Téléphone: (41-22) 342-77-40
Télécopieur: (41-22) 343-46-46
Courriel: transat-diff@slatkine.com

Pour la France et la Belgique
DISTRIBUTION DU NOUVEAU MONDE (DNM)
30, rue Gay-Lussac
75005 Paris   FRANCE

Téléphone: (1) 43 54 49 02
Télécopieur: (1) 43 54 39 15
Courriel: info@librairieduquebec.fr

Table des matières

Remerciements 11
Notes et avertissements de l'auteure 13
Introduction 15

Chapitre 1
Les croyances 19
    Les mythes 23
    Les promesses 26
    L'histoire de Ginette 27
    Notre vie terrestre continue 32
    L'histoire de Louis 33
    Retenir les esprits 43
    L'énergie et les prières 45

Chapitre 2
Les étapes d'évolution de l'âme 49
    La décorporation 50
    Le coma 52
    L'accueil 56

Chapitre 3
Les étapes d'évolution de l'esprit 59
L'acceptation 60
L'histoire de Nancy 61
L'histoire d'une jeune mère de famille 63
La reconnaissance 66
Le film de notre vie 67

Chapitre 4
Les différents plans de l'au-delà 71
Le plan astral 72
Les plans de lumière 75
Le bas astral 77
La garderie 79
L'histoire d'un passeur d'âme 80
Nos animaux 82

Chapitre 5
La communication avec l'au-delà 85
Mes facultés 85
Visite à la conférence 87
Les émotions 89
La psychométrie 92
Les preuves 93
Les ailes d'un ange 94

Chapitre 6
Comment se préparer à une séance 97
    L'invitation 97
    Une maman impatiente 98
    Grand-père et sa canne 100
    Esprit de feu 101
    La mémoire des esprits
    et la connaissance de l'avenir 103
    L'histoire de Tim 105

Chapitre 7
Les questions que l'on demande aux esprits 109
    Les demandes que l'on adresse aux esprits 111
    Les signes que nos défunts nous envoient 113

Chapitre 8
Les suicidés 119
    Les raisons 121
    L'arrivée des suicidés dans l'au-delà 124
    Prise de conscience 125
    La délivrance 129
    Le pendu 130
    La cage de verre 133
    La communication avec un esprit suicidé 135
    Les accidents traités comme des suicides 136
    Sortie de son corps 137
    Accident de pick-up 139
    Il habitait son sous-sol 142

Chapitre 9
Préparer sa mort 145
    Visualisez votre nouvelle maison 147

Chapitre 10
Messages venant de l'au-delà 149

Chapitre 11
Protection personnelle 155

Un dernier mot 159

À grand-maman Lucia

Remerciements

Je voudrais tout d'abord remercier mes lecteurs. Sans vous, il n'y aurait pas eu de suite au premier livre, *Les morts nous donnent signe de vie*. J'ai plaisir à écrire, mais j'en ai beaucoup plus encore à savoir que vous me lisez assidûment. Vous avez été nombreux à m'envoyer vos courriels et vos lettres, afin de partager avec moi des moments de votre vie, parfois même intimes, me raconter les contacts que vous avez eus avec des personnes décédées grâce aux méthodes enseignées dans le premier ouvrage. Pour tout cela, je vous remercie sincèrement.

Je remercie tous ceux qui ont participé à l'édition de ce livre, éditeur, correcteur, concepteur, distributeur... Bien souvent vous travaillez dans l'ombre, et je tenais à vous dire que vous êtes importants pour moi.

Merci à tous les gens venus en séance partager avec moi l'expérience des communications. Merci à tous les esprits présents lors de ces communications, pour tout ce qu'ils m'ont appris. Merci à mes guides, à mon ange gardien et à Dieu de me permettre de faire ce travail.

Bien que beaucoup de gens ne fassent que passer dans notre vie, certains seront toujours là.

Merci à mes enfants pour ce qu'ils sont et pour ce qu'ils m'apprennent. Merci à mon mari d'être aussi généreux et compréhensif, de participer à l'avancement de ma carrière et de ma mission terrestre.

J'aimerais ajouter un merci spécial à quelqu'un de très important pour moi. Cette personne croit en moi depuis mes toutes premières expériences. Elle est toujours présente à mes événements importants et dans mes nouveaux projets; elle m'encourage sans cesse à être qui je suis. Merci, tante Carole.

Notes et avertissements de l'auteure

La communication avec l'au-delà n'est pas toujours aussi facile qu'on le croit. Il ne suffit pas de décrocher un téléphone et de demander qui est à l'autre bout du fil pour tout connaître de l'esprit se rattachant à cette communication. La mission de servir de transmetteur aux esprits n'est pas, elle non plus, aussi simple qu'on le croit.

Tous les témoignages rapportés dans ce livre sont authentiques. Bien que certaines personnes m'aient parfois demandé de changer leurs noms et l'endroit où se sont déroulés les événements, tout le reste est véridique.

Grâce à ce livre, je véhicule mes croyances et mes expériences. Je ne veux convertir personne à ces croyances, mais tout simplement partager des événements que j'ai vécus et qu'il me fait plaisir de vous raconter. Si ces témoignages peuvent vous aider à accepter un deuil ou à entrer en contact avec une personne décédée, j'en serai bien heureuse et cela concordera avec ma mission.

Je crois fermement qu'il existe une autre vie après cette vie terrestre et que nous pouvons communiquer avec les esprits. J'ai eu plusieurs communications concluantes pour des familles venues me voir et qui partagent les mêmes croyances que moi.

Bien que j'y aie mis toutes mes énergies et tout mon amour, certaines communications sont restées sans réponse. Je donne d'ailleurs des explications concernant ce fait tout au long de ce livre.

Introduction

Chers lecteurs,

Quelle joie de vous retrouver! Il me semble à des années-lumière, le temps où je vous ai offert mon tout premier livre, *Les morts nous donnent signe de vie*.

Mon but premier, lorsque j'avais écrit ce livre, était d'aider au moins une personne à comprendre les phénomènes de percevoir autre chose que notre vie terrestre et matérielle. De faire en sorte que cette personne ne se sente pas seule avec ce qu'elle vivait. D'aider au moins une personne à comprendre les signes venus d'un monde parallèle au nôtre. Eh bien, j'ai largement dépassé cet objectif, pour mon plus grand plaisir! Vous êtes nombreux à avoir trouvé dans ce premier livre des réponses à vos questions ou une confirmation de vos croyances actuelles. Je suis aussi heureuse de savoir que cela a ouvert l'esprit de certains sceptiques.

Vos visites et vos témoignages ont su m'inspirer une suite à ce premier livre. Car, depuis sa sortie, plusieurs personnes ont été dirigées vers moi par des esprits voulant faire comprendre leurs messages et voulant établir une communication concrète. De ces communications, j'ai moi-même appris beaucoup de choses. Certaines de mes connaissances se sont trouvées approfondies et de nouvelles expériences m'ont été offertes.

Mais j'ai aussi découvert qu'encore beaucoup de gens se questionnent sur la communication avec l'au-delà et sur ce que devient l'esprit de ceux qu'on a aimés, après leur mort. Voici donc le but de ce nouveau livre: vous expliquer les communications que l'on peut avoir avec l'au-delà, comment s'y préparer et à quoi on doit s'attendre. Je reviendrai sur les étapes abordées dans le premier livre, sur ce que les esprits doivent vivre lorsqu'ils arrivent dans leur nouveau monde. Grâce aux nouvelles communications reçues, j'approfondis encore plus ces étapes de passage vers l'au-delà.

Je ferai aussi un bref retour sur les mythes et les croyances. À ce sujet, les esprits ont été directs: peu importe la croyance que l'on a, mais avoir une croyance en quelque chose devient de plus en plus important. Sans oublier les croyances que nous entretenons envers notre façon de communiquer avec les esprits.

INTRODUCTION

Comme plusieurs questions m'ont été posées sur ce qu'il advient des personnes qui se suicident, j'ai décidé d'y consacrer tout un chapitre. En effet, depuis la sortie du premier livre, le sujet du suicide a été abordé plusieurs fois dans mes communications médiumniques, et je me dois de le réviser.

Vous remarquerez qu'à la fin de certains chapitres je vous fais quelques suggestions de films à regarder concernant les explications et les expériences liées au chapitre que vous venez de lire. La lecture nous aide à comprendre, mais je crois aussi que certains auteurs de films peuvent nous faire, à leur tour, comprendre bien des choses grâce à leurs images.

À la demande de plusieurs esprits, je parlerai dans un des chapitres de la préparation que nous pouvons faire pour notre propre voyage... ou pour aider un parent à entreprendre ce voyage.

Et, comme avec le premier livre, des esprits sont venus m'aider dans l'écriture de ce nouveau manuscrit. Ils m'ont aidée à expliquer certains passages et bien sûr, ils ont été nombreux à laisser des messages à leurs parents et amis restés ici, sur ce plan physique. Un chapitre complet vous attend.

Finalement, j'ai tenu à ajouter un dernier chapitre à ce livre, sur le nettoyage énergétique. Il vous aidera à reprendre vos énergies perdues ou volées et à vous protéger en toutes circonstances.

Chapitre 1

Les croyances

*« Croyez en la vie après la mort.
Croyez en quelque chose,
faites-le pour votre âme »*

Cette phrase est revenue souvent durant mes communications médiumniques. Les esprits nous demandent, pour nous-mêmes et pour notre âme, de croire en quelque chose. Peu importe cette croyance, pourvu qu'elle soit belle et qu'avec elle nous nous sentions à l'aise et en harmonie. Le manque de croyance est, semble-t-il, l'une des principales raisons pourquoi tant d'âmes errantes peuplent l'au-delà. Ces âmes se trouveront bien souvent prises dans le bas astral. De plus, si leurs familles terrestres n'ont, elles non plus, aucune croyance particulière, les âmes obtiendront difficilement de l'aide venant du plan terrestre. Cela pourra prendre plusieurs années avant qu'elles ne soient délivrées. Alors qu'avec un minimum de croyances concernant la vie après la mort, l'arrivée dans l'au-delà se passerait beaucoup mieux.

NOS MORTS ONT BESOIN DE NOUS POUR AVANCER DANS LA LUMIERE

> *« Si plus de gens étaient préparés*
> *à la vie après la mort,*
> *il y aurait beaucoup moins*
> *d'âmes perdues ou errantes. »*

Vous êtes-vous jamais demandé ce qu'il y avait après la vie? Après votre vie? Non? Alors, peut-être est-ce le temps de vous poser la question.

Réfléchissez un instant. Comment peut-on jour après jour se lever, effectuer des tâches qui ne nous plaisent pas vraiment, travailler à la sueur de notre front, parfois dans des conditions pénibles, pour ensuite changer notre paie afin de régler nos dettes, franchir des étapes difficiles sur le plan des émotions et recommencer tout ça de plus belle le lendemain? Faire tout cela pour terminer en mourant sans espérer que rien ne vienne après? Peut-on croire et accepter que certains naissent riches et en santé, vivent une vie paisible remplie de joie et d'allégresse, tandis que sur la même planète, dans le même pays, la même ville, d'autres viennent au monde sous le seuil de la pauvreté, avec des problèmes de santé leur rendant la vie difficile et misérable? Est-ce juste? Est-ce seulement ce que nos parents ont laissé derrière nous qui est la raison de tout ça? La raison sera-t-elle la même pour nous?

Tout ce que nous faisons en ce moment ne servira-t-il qu'à nos futurs enfants? Que fait-on lorsqu'on n'a pas d'enfants? À qui laissons-nous les apprentissages durement acquis?

À quoi cela servirait-il de vivre une telle vie, si ce n'était pas pour y apprendre quelque chose pour nous-mêmes? Et si c'était pour apprendre quelque chose, à quel moment cela nous servirait-il de le savoir, sinon après avoir vécu une telle vie?

Nous avons plusieurs choix, entre autres celui de croire que nous ne faisons pas tout cela pour rien et qu'après notre mort une autre vie commencera avec tout le bagage spirituel que nous aurons acquis. Car nous n'amenons jamais avec nous les richesses matérielles que nous avons amassées, nous amenons seulement les richesses spirituelles. À partir de ce choix, nous arrivons de l'autre côté dans l'univers de nos croyances.

C'est uniquement pour cette raison qu'on vous demande d'avoir au moins une croyance. À partir de là, vos croyances vous aideront en temps et lieu et vous feront avancer dans ce nouvel endroit. Vous comprendrez alors votre état dès le moment où vous changerez de conscience.

La croyance qu'il existe une vie après la mort est beaucoup plus répandue que nous ne le pensons. Du moins, la croyance qu'un monde parallèle au nôtre existe. Pourquoi? Parce que pratiquement tous les gens ont des anecdotes concernant un événement psychique survenu dans leur vie ou concernant une connaissance. Je n'ai presque jamais passé une journée ou une soirée où des gens réunis n'avaient pas quelque chose à dire sur le sujet.

« Une croyance que l'on acquiert commence toujours par une curiosité concernant un sujet. »
Sylvia

Et si croire qu'une sorte de vie existe après la mort faisait en sorte que nous fassions attention à tout ce que nous faisons présentement, à qui cela serait-il bénéfique? À nous, bien sûr. Croire que retrouver notre mère ou notre père bien-aimé, notre femme, notre mari ou nos enfants, ferait-il en sorte d'alléger notre chagrin? Savoir que nous pouvons communiquer avec eux nous pousserait-il à continuer notre vie et à surmonter les obstacles? Nous avons tous, un jour ou l'autre, prié une âme disparue de nous aider à passer au travers d'une épreuve; le fait de croire que nos prières sont entendues et exaucées est assez fort pour nous aider à surmonter ces épreuves et ensuite nous en trouver fiers et grandis.

Alors ne serait-ce que pour cela, il est bon et réconfortant de croire en la vie après la mort. Comme je l'ai raconté dans mon livre *Les morts nous donnent signe de vie*, mon père était un homme important pour moi. Aujourd'hui, 12 ans plus tard, il me manque toujours. Oui, il m'arrive de communiquer avec lui dans mes rêves et de pouvoir le voir et le sentir, mais je le sais aussi occupé, donc pas toujours disponible pour la communication. La croyance que j'ai en la vie après la mort m'a aidée à surmonter ce deuil et m'aide encore aujourd'hui lorsque j'ai du chagrin ou lorsque je vis des moments difficiles.

LES MYTHES

Suivant la croyance qu'il existe une vie après la mort, des croyances concernant cette autre vie, ou si l'on veut des mythes, se sont mis à circuler, bien entendu. Quelques croyances particulières sont revenues souvent pendant mes communications, et les esprits voudraient revenir sur celles-ci avec vous. La première voudrait qu'on laisse les morts tranquilles après leur départ. Qu'il ne faut ni leur parler ni les déranger. Ceci est faux. Cela fait de la peine aux esprits que l'on croie cela, surtout à ceux qui viennent de quitter notre plan terrestre. Au contraire, ils nous disent que certains ont besoin de nous entendre, de savoir que nous pensons à eux, pour continuer à avancer dans la lumière. Ces nouveaux esprits sont plus près de la sphère terrestre que de la sphère astrale, alors ils nous entendront bien avant les êtres de lumière. Lorsque je parle de communication au moment du départ de l'âme, je parle de discussion et de prière envers cette âme et non de demande particulière pour nous-mêmes.

Il arrive même que certaines communications aient lieu à peine quelques secondes après la mort terrestre d'une âme. Ce que reflètent bien souvent les histoires racontées par des gens qui ont vu, en rêve, un être cher venir les saluer pour ensuite apprendre le lendemain que cette âme avait trépassé au milieu de la nuit. Les âmes qui reprennent rapidement toute leur conscience en devenant esprit peuvent communiquer immédiatement, alors que d'autres souhaitent aller se reposer dans des endroits plus tranquilles.

*« Nous avons encore bien des choses
à vous apprendre. »*

Vous pouvez même sentir l'esprit d'un être cher près de vous, dès l'instant où il quitte son corps physique. Par ailleurs, faites ce qui vous semble bien tout simplement; quand on fait un geste en pensant au bien, rien de mal ne peut arriver. Alors, parlez allégrement à vos chers disparus!

Poursuivons dans les mythes et les croyances, plus particulièrement concernant notre vocabulaire et nos expressions...

Une cliente demandait à l'esprit présent: «Est-ce papa qui est venu chercher maman? Parce qu'on l'a tellement prié de venir la chercher, elle souffrait et elle n'en pouvait plus, pauvre elle!»

L'expression «venu chercher» bouleverse beaucoup les esprits. Parce que nous imaginons tout de suite la séquence. Nous voyons l'esprit d'un défunt entrer subitement dans un endroit quelconque, prendre l'âme d'une personne par la peau du cou et l'entraîner derrière elle, vers un monde inconnu de nous, et ce, pratiquement sans son consentement. C'est une séquence grossière, mais c'est ce que notre subconscient comprend à l'état brut et qui produit par la suite des peurs.

Les esprits nous demandent de changer cette expression. Ils nous disent plutôt qu'ils accueillent les âmes dans l'au-delà, qu'ils les accompagnent, qu'ils ne viennent pas les chercher.

«C'est l'âme elle-même qui quitte son corps lorsqu'elle est prête.»

Il y a aussi un mot que les esprits n'apprécient plus lorsqu'ils sont arrivés dans l'au-delà, et c'est le mot «courageux». À leurs oreilles, ce mot sonne comme de la pitié, plutôt que comme une fierté. Lors d'un entretien avec l'esprit d'un homme décédé du cancer, sa conjointe a employé ce mot à plusieurs reprises. L'esprit la corrigeait chaque fois, disant qu'il n'avait pas été courageux, mais bien que la maladie avait été utile dans son apprentissage terrestre. Grâce à cette souffrance, il avait pu comprendre beaucoup de choses qu'il n'aurait pas comprises autrement. Il nous faut donc employer un autre mot lorsque nous voulons qualifier l'énergie qu'une personne a utilisée pour passer au travers de sa maladie.

LES PROMESSES

Les promesses que l'on fait aux personnes sur le point de décéder, avant leur mort ou après leur mort, doivent être réalistes et surtout en accord avec notre chemin de vie. Quand nous faisons cette promesse, nous sommes à un point précis de notre vie. Nous sommes à ce moment conscients de ce que nous avons, faisons et sommes. Alors, si nous promettons à la personne sur le point de mourir que nous nous occuperons de ses choses personnelles, il ne faut pas le faire à la légère. Non pas pour l'âme qui s'en va, mais pour nous, personnellement.

L'HISTOIRE DE GINETTE

Ginette était venue en communication pour s'excuser, à sa sœur décédée, de ne pas être capable de tenir sa promesse. Ginette s'en faisait tellement avec cette promesse qu'elle se croyait en dépression nerveuse. La promesse qu'elle avait faite à sa sœur sur son lit d'hôpital était de s'occuper de son mari, Guy. Elle lui avait dit qu'elle pouvait partir tranquille, qu'elle veillerait maintenant sur lui.

Mais voilà que Guy, un homme de 42 ans, trouve son deuil très difficile et refuse pratiquement de s'en sortir. Ginette s'occupe tout d'abord avec lui de la succession de sa femme, quelques problèmes surviennent dans ce processus, et comme Guy pleure toujours, c'est Ginette qui fait les démarches à sa place, en plus de remplir ses propres obligations personnelles. C'est elle qui aide Guy à déménager parce que son appartement est devenu trop grand et qu'il est rempli de souvenirs douloureux, mais surtout parce qu'il est au-dessus de ses moyens. Guy est moralement incapable de travailler, quand il trouve un emploi il ne le conserve jamais longtemps, ses revenus sont donc quasi inexistants. Une année passe, Guy traîne toujours, Ginette se rend alors compte que sa sœur faisait tout à la maison, qu'elle devait pousser Guy à se trouver du travail, qu'elle devait le surveiller afin que celui-ci conserve ce travail, qu'elle l'encourageait et qu'elle le motivait quand il était dans une passe de déprime.

Ginette est fatiguée de rendre visite à Guy et de le trouver toujours déprimé, négatif et pessimiste. Quand elle revient de ces visites, c'est à son tour d'être triste et épuisée. Mais elle a fait une promesse à sa sœur et elle veut la tenir. Au début de la deuxième année de deuil, Guy s'est inscrit à un réseau de rencontres téléphoniques. Cela semblait lui redonner le goût de mener une vie normale. Grâce à ce réseau, Guy a rencontré une nouvelle jeune femme qui se disait prête à vivre une relation avec lui. Il a fréquenté la jeune femme durant quelques semaines avant de laisser son appartement pour aller s'installer chez elle. Pendant ce temps, Ginette vivait une dualité, elle était contente que Guy se reprenne en main et décide de refaire sa vie, mais en même temps, tout à coup, elle n'existait plus aux yeux de Guy. Elle qui avait fait des pieds et des mains pour trouver un appartement pas trop loin de chez elle, voilà que Guy le quittait avec seulement deux semaines de préavis ! Le propriétaire, que Ginette connaissait bien, n'était pas très heureux, il a voulu poursuivre Guy, mais comme il ne voulait pas faire de tort à Ginette, il a laissé tomber la plainte et a reloué très vite l'appartement en question, heureusement.

Ginette espérait sincèrement que tout cela représente un nouveau départ heureux pour Guy. Elle savait bien qu'elle ne reverrait pas tout l'argent qu'elle avait dépensé et prêté à son beau-frère, mais elle se disait qu'elle avait fait cela pour sa sœur. Épuisée, elle se remettait tranquillement de cet épisode. Cela faisait trois mois qu'elle n'avait pas eu de nouvelles de Guy quand, un soir, celui-ci lui téléphona pour lui dire que les choses n'allaient plus avec sa nouvelle compagne, que celle-ci le mettait à la porte d'ici quelques jours. Comme au moment de son déménagement il était convaincu que tout fonctionnerait bien, il s'était débarrassé de tout son «ménage». Alors, un beau mercredi soir, Guy se retrouva à la rue avec rien d'autre que ses vêtements. Ginette lui dit alors de venir chez elle, le temps qu'il se trouve un travail et un appartement. Mais voilà, deux ans après le décès de sa sœur, Guy n'a pas changé, il ne garde pas ses emplois et quand il en a un, Ginette doit le forcer à se lever tous les matins pour s'y rendre. Lorsqu'elle le surveille moins, Guy lui raconte toutes sortes d'histoires et finit par lui dire qu'il ne travaille plus, qu'il ne peut donc pas se trouver d'appartement. Il dort dans le salon chez Ginette depuis maintenant six mois. Ginette est au bout du rouleau, elle ne sait plus quoi faire. Chaque soir en revenant du travail, elle se dit qu'elle va lui parler et lui dire qu'elle ne peut plus le garder mais, quand elle arrive à s'en convaincre, elle revoit sa sœur dans son lit d'hôpital et se souvient de la promesse qu'elle lui a faite.

Au cours de la communication médiumnique, un esprit féminin s'est présenté à moi. Il a entouré Ginette d'une grande enveloppe de lumière et lui a donné comme message d'oublier cette promesse immédiatement. L'esprit de sa sœur était maintenant libre, heureux et en paix. L'esprit a dit à sa sœur Ginette qu'il comprenait que chacun était maître de sa vie, qu'on ne pouvait toujours être derrière une autre âme afin d'y faire sa propre vie. Les expressions employées par la sœur de Ginette lui ont donné la certitude que c'était bien elle qui s'exprimait à travers moi. Elle lui a dit qu'elle en avait déjà fait beaucoup pour Guy, mais qu'elle comprenait, d'où elle était, qu'il était une âme individuelle et qu'il était apte à accomplir sa mission par lui-même.

Cette communication fut très bouleversante, et Ginette comprit à travers elle qu'elle ne pouvait plus tenir sa promesse, que c'est cela qui la rendait malade et qu'elle devait remettre à Guy sa propre vie entre ses mains.

Dans la même semaine, Ginette, avec l'aide d'un thérapeute, parla à Guy. Elle lui dit qu'après trois ans de deuil, elle jugeait qu'elle en avait assez fait et qu'il devait dès maintenant quitter son appartement et refaire sa vie. Ginette retrouva sa joie de vivre et reçut même une promotion dans sa carrière, ce qui l'amena à accomplir une autre partie de sa mission. La promesse que Ginette avait faite à sa sœur la liait à une âme avec laquelle elle n'avait rien à accomplir, et lui faisait faire un détour dans l'accomplissement de son propre chemin de vie. Qu'est-ce qui nous fait dire cela? La dépression de Ginette. Lorsque nous accomplissons notre chemin de vie, nous sommes outillés pour faire face à notre destin, mais quand nous prenons des détours c'est là que notre âme intervient, nous montre des signes de faiblesses, nous indique que nous n'allons pas dans la bonne direction.

C'était la sœur de Ginette qui avait fait le choix d'accompagner durant un temps terrestre l'âme de Guy dans son destin, et non l'âme de Ginette. C'est comme si un certain temps Ginette avait accompli, en plus de la sienne, la mission de vie de sa sœur. De plus, Ginette voulait bien tenir sa promesse, mais l'individu sur qui elle avait promis de veiller lui compliquait bien plus la vie qu'autre chose. Il devenait un fardeau pour elle. Et lui ne se prenait jamais en main parce qu'il savait qu'il pouvait compter sur elle.

Deux âmes qui empruntaient un détour dans leur chemin de vie... Bien entendu, lui comme elle ont compris et appris des choses de cette expérience, car rien n'arrive pour rien, mais cela les a fait pour un long moment bifurquer tous deux de leur mission. Donc sachez que lorsque vous faites une promesse, dès le moment où celle-ci interfère dans votre chemin de vie, il est important d'y renoncer. Les esprits ne vous en tiendront jamais rigueur. Après tout, ils veulent votre bien et sont parfois bien loin de veiller à ce que vous teniez une promesse faite à leur égard.

NOTRE VIE TERRESTRE CONTINUE

Voici une autre information transmise par une communication médiumnique: la vie des personnes décédées s'arrête, la nôtre continue. Et c'est quand les esprits nous voient poursuivre notre vie qu'ils avancent dans la leur. Bien que cela nous soit difficile après les premiers jours de deuil, il faut reprendre nos habitudes et accomplir notre propre mission. Dans la prochaine histoire, le lien que je veux faire est directement rattaché au fait que nous devons poursuivre notre vie à nous et non celle d'un être décédé. Par ailleurs, dans la même histoire, plusieurs éléments abordés reviendront dans les chapitres ultérieurs.

L'HISTOIRE DE LOUIS

Je fixe un rendez-vous avec Paul et Josée, qui vivent à l'extérieur de la ville. La veille de la date fixée, Paul se présente, seul, à mon bureau. Il croit être le lendemain et s'excuse de son erreur, de plus, il m'annonce à la dernière minute que sa compagne ne viendra pas. Je lui explique que je ne peux le recevoir tout de suite car je suis déjà en consultation, mais une petite voix me souffle de lui demander de revenir plus tard. Comme il habite loin et qu'il ne veut pas revenir le lendemain, il acquiesce et revient un peu plus tard.

À l'heure dite, Paul est de retour. Je lui dis que je trouve dommage que sa compagne Josée n'ait pu venir... Il me fixe drôlement, un peu perdu, et me répond: «Ah oui, Josée!» Je ne soulève pas cette remarque et l'invite à s'asseoir à ma table. Il semble bizarre, il a le regard fatigué, l'énergie autour de lui est faible. C'était un homme costaud, la quarantaine bien sonnée, il porte un chandail avec le logo d'une moto populaire. Loin de me laisser distraire par son apparence physique, je lui demande l'objet de sa visite: communication avec l'invisible ou aperçu des probabilités de son avenir?

Pour toute réponse, il me sort quatre photos. Sur l'une, je vois une jeune femme appuyée sur un mur, qui doit friser la quarantaine. La deuxième photo est celle d'une jeune fille dans la vingtaine, qu'on voit de loin. La troisième montre un jeune homme rayonnant, dans la vingtaine, photographié de près. La dernière photo représente le jeune homme et la jeune fille avec des amis, assis autour d'une table.

Devant moi sont étalées ces quatre photos. Je les regarde toutes, mais mon regard revient sans cesse vers celle du jeune homme, qui me regarde tout sourire. C'est vraiment un beau portrait, l'aura de l'homme est lumineuse. Paul ne dit toujours rien, il me regarde aller d'une photo à l'autre. Chez moi, le processus de la communication est depuis un moment enclenché. Tout à coup, une sensation de froid envahit tout mon côté droit. Je ressens une sensation telle que si l'on avait ouvert une porte de congélateur tout à côté de moi.

Je me «branche» sur cette ouverture et j'aperçois seulement une main, qui semble se tendre vers nous. Je saisis la photo du jeune homme et je demande à Paul: «Ce garçon est-il décédé?» Paul me fait un signe de tête affirmatif. Je me sers donc de l'image pour approfondir ma communication. J'entends alors une voix presque enfantine, venant de très loin, qui dit: «Papa? C'est toi? Aide-moi, s'il te plaît...»

Vous expliquer ce qui se passait au même moment à l'intérieur de moi est presque impossible. Étant moi-même une mère, la sensation de cet instant était horrible. La seule image que j'avais était cette main tendue et cette phrase qui résonnait dans ma tête: «Aide-moi!»

Je regarde Paul et je lui demande s'il s'agit de son fils, il me répond que si. Je me laisse aller et entre en communication télépathique avec l'esprit du garçon. Il est perdu, confus, il se demande où il est et ce qu'il fait dans cet endroit. Il dit qu'il fait sombre et qu'il fait froid. Je lui dis alors où il se trouve, je lui dis de regarder vers la lumière, mais il ne voit pas la lumière. Soudain, Paul me presse de questions. J'essaie de lui dire que je suis en communication télépathique avec son fils mais que celui-ci est perdu et que la communication est difficile. Je pose alors des questions à Paul. Pour commencer, je demande le nom du garçon: Louis. Ensuite, je demande depuis combien de temps il est décédé et s'il est décédé dans un accident. Paul me répond avec hésitation que son fils est décédé voilà bientôt un an et qu'effectivement il est décédé dans un grave accident.

Au moment de me répondre, Paul s'est reculé dans la chaise et a croisé ses bras en signe de fermeture. Il me regarde et me demande comment il se fait que je ne peux répondre moi-même à toutes ces questions si je suis en contact avec Louis? Pour la simple raison que présentement Louis n'est pas dans la lumière, n'a donc pas toute sa conscience et ne sait pas lui-même où il est. Je ferai ici un parallèle pour ceux qui ont vu le film *Et si c'était vrai*.

Dans une des scènes, un homme est capable de voir le fantôme d'Élizabeth dans le nouvel appartement qu'il vient de louer. Intrigué et se croyant fou, il lui demande son nom et où elle demeurait. Élizabeth est incapable de répondre à la première question, sa mémoire lui faisant défaut. Elle est seulement capable de lui répondre pour le moment présent et lui dit qu'elle demeurait dans l'appartement où elle se tient présentement.

Mais je comprends très bien la réaction de Paul, il veut une preuve que c'est bel et bien son fils qui est là. Je dois d'abord et avant tout aider cette âme à se diriger vers la lumière — pour la preuve à donner à Paul, cela viendra si Louis en est capable. Je retourne télépathiquement à Louis et j'essaie de comprendre ce qu'il me dit et ce que je vois, car certaines images sont claires tandis que d'autres sont floues. Je vois une route sur laquelle je circule, je vois comme dernière image un feu de circulation vert et j'entends la pensée suivante: «J'aurais dû regarder...»

C'est tout ce que l'esprit est capable de m'envoyer. Il n'a pas beaucoup d'énergie pour communiquer. J'explique la situation à Paul, ce dernier me confirme que son fils est décédé dans un accident de moto sur une route de campagne, et que l'accident en question semble difficile à comprendre. Je vois alors une autre image. Louis m'amène dans un endroit où je vois la même photo que celle placée devant moi sur la table, mais cette fois son portrait est tracé sur une toile, il semble heureux et fier de me le montrer. Je regarde Paul et je lui dis que Louis a vu son portrait peint à partir de cette photo. En disant cela, je prends la photo sur la table et lui montre. Les yeux de Paul s'emplissent de larmes, il me raconte qu'une amie lui avait fait ce précieux cadeau tout de suite après le départ de Louis. Je me dis en moi-même: «Voilà la preuve qu'il attendait: comment pourrais-je savoir cela, si ce n'est que Louis me l'a dit?» J'ai par la suite cru comprendre que ce n'était pas une preuve suffisante aux yeux de Paul.

J'explique tranquillement à Paul qu'il faut maintenant aider Louis à traverser vers la lumière. Il faut commencer par lui dire qu'il est dans un autre monde, qu'il est décédé dans un accident. Tout le temps où j'explique cela à Paul, je vois Louis se promener parmi ses choses personnelles, il erre dans sa chambre à coucher. Je retourne télépathiquement à lui et il me dit que rien n'a changé chez lui. Je comprends alors ce qui se passe, Louis est retenu par la peine de ses parents.

Louis prend alors de plus en plus conscience de son état, il se sert de mon énergie pour avancer dans sa conscience. Il m'explique alors quelque chose de très étrange concernant son propre accident. Je vois une image de l'accident, il fait sombre, tout est calme et silencieux malgré ce qui vient d'arriver.

On aurait dit que le temps était suspendu. En même temps que Louis comprend ce qui est arrivé, il m'explique: deux personnes étaient impliquées dans l'accident, lui et un autre personnage, l'autre conducteur. Tous les deux sont sortis de leur corps et flottaient au-dessus de la scène de la collision. Télépathiquement, on a expliqué à Louis que seulement l'un des deux devait rester en vie et que c'était à Louis de décider lequel des deux ce serait. Louis a fait un saut rapide dans la vie de l'autre individu et, à la suite de ce qu'il y a vu, il a choisi de laisser vivre l'autre personnage.

Pourquoi lui a-t-on dit cela? Était-ce relié à son karma? Je n'ai pu avoir la réponse. Pendant que j'explique à Paul ce qui était arrivé pendant l'accident, Paul n'arrête pas de dire non et de faire aller sa tête de gauche à droite, me signifiant qu'il n'est pas prêt à entendre ce que je lui dis. Je me penche sur les photos et je prends celle de la femme plus âgée, une onde positive passe à travers moi, je ressens une belle chaleur. Je dis à Paul que Louis dit bonjour à sa mère et l'embrasse très fort. Je lui demande alors si c'est bien la mère de Louis et si c'est elle qui devait venir en même temps que lui. Il me répond que oui et me dit qu'elle n'était pas encore prête à ce genre de communication.

Plus j'avance dans la communication et plus je comprends que cet homme n'est pas prêt lui non plus à entendre ce que son fils a à lui dire. Je reviens alors sur ce que Louis m'avait dit plus tôt, c'est-à-dire que rien n'avait changé chez lui. Je regarde Paul et lui demande si, depuis le départ de Louis, il a fait le ménage de ses affaires personnelles, parce que j'essaie de lui dire que quelque chose ou quelqu'un le retient ici. Paul me raconte alors que, depuis le décès de Louis, sa mère n'a touché à rien dans sa chambre, qu'elle n'y fait que l'épousetage. Rien n'a bougé depuis un an. Paul, quant à lui, conduit le véhicule de son fils tous les jours et continue de faire rouler l'entreprise que Louis avait démarrée peu avant son décès. Tout fier de lui, Paul me montre qu'il porte en ce moment même le chandail préféré de Louis.

C'est maintenant à mon tour de faire aller ma tête de gauche à droite. Je comprends tout à fait leur peine, mais d'agir comme ils le font ne les aide pas du tout et cela retarde l'évolution de leur fils. En plus d'avoir été étourdi par l'accident, donc un changement subit de conscience, il revient sans cesse près du plan terrestre pour consoler ses parents et essayer de répondre à leurs attentes. Comme on n'a fait aucun changement depuis son décès, Louis retourne, dans ses périodes de confusion, vivre dans sa chambre recréée dans un monde parallèle, et a donc fini par stagner à cet endroit.

Paul me demande de lui dire comment leur fils leur donne des signes de sa présence. Louis m'envoie immédiatement l'image de la cuisine familiale. Il se manifeste principalement à cet endroit. Mais Paul en veut encore plus, je ne sais plus quoi lui répondre. Lorsque je sens une pression venant du consultant, le canal que j'utilise se brouille et je ne vois plus rien, ce qui est exactement en train de se produire. Je me repousse dans ma chaise, je sens qu'il est inutile de poursuivre la communication, parce que Paul ne veut pas comprendre que son fils a besoin d'aide pour aller dans la lumière. Ma mission est d'aider les âmes ici à cheminer dans le deuil d'une personne en lui transmettant des messages, et d'aider un esprit à traverser dans la lumière. Je ne peux encourager une communication qui retiendrait un esprit près de notre plan physique.

Expliquant à Paul que Louis nous a maintenant quittés, je lui demande s'il a une dernière question. Paul me demande comment il se fait que tout au long de la consultation j'ai continué de l'appeler Paul, alors que son véritable nom est lui aussi Louis, et que son fils aurait dû me le dire. Je lui explique alors patiemment comment fonctionnent les communications, que certains aspects sont beaucoup moins importants pour les esprits. Tout le temps que la communication a eu lieu, Louis appelait Paul «papa», alors il ne se souciait guère de comment, moi, j'appelais cet homme. Changer de nom pour voir si le médium transmetteur s'en apercevra ne prouve pas qu'il est un bon médium ou non, cela crée simplement plus de résistance qu'autre chose. De plus, comme je l'expliquerai plus loin, la mémoire des esprits est sélective, surtout sur ce plan.

En terminant, «Paul» me raconte alors un événement qui pour moi en dit long sur le message que Louis voulait leur transmettre. Une fin d'après-midi, lui et sa femme étaient assis dans leur salle à dîner avec un couple d'amis, et parlaient encore de Louis. Près de la table où ils étaient, une prise électrique orne le mur à la hauteur d'un comptoir de cuisine. Dans cette prise électrique, une rallonge est branchée. «Paul» me dit qu'habituellement pour retirer la rallonge de la prise il faut qu'il prenne ses deux mains, tellement c'est difficile. Et là, pendant qu'ils parlaient de son fils, la rallonge s'est débranchée toute seule de la prise électrique, sous les yeux des quatre personnes. Il me demande si cela peut-être Louis qui leur a fait ce signe.

Assurément! Et à mon tour de demander à «Paul»: «Avez-vous compris le message?» Il me regarde hébété et répond: «Non.» Je le regarde et lui dis: «Le message que votre fils essaie de vous transmettre est: DÉBRANCHE!»

J'ai prié très fort pour cet esprit, j'ai continué de lui dire d'aller vers la lumière malgré la peine de ses parents, et j'ai aussi prié pour ces parents, qui en avaient grand besoin.

Dans cette histoire nous voyons que le père croit de son devoir de poursuivre la vie de son fils. Il conduit son véhicule tout le temps, il continue à faire vivre l'entreprise de son fils comme si Louis allait revenir un jour pour en reprendre les rênes. Tout cela n'est pas sain, ces parents entretiennent leur peine. Tous les jours, ce père parle au nom de son fils, agit au nom de son fils. Ces parents n'acceptent pas son départ et ne vont pas dans le sens où ils l'accepteront. Loin de moi l'idée de les juger, ils sont tristes et vivent une grande épreuve, mais je sais aussi que s'ils ont été dirigés vers un médium, c'est qu'un message doit leur parvenir. À partir de là, c'est à eux d'évoluer avec ce message. Que Dieu les protège.

Lorsque vous désirez poursuivre une mission inachevée par le départ d'une âme, assurez-vous de le faire pour vous et de l'adapter à votre style. Terminer quelque chose pour quelqu'un qui ne s'en soucie plus du tout est une perte de temps et d'énergie. Ce qui fait plaisir à l'esprit, c'est de savoir qu'au moment où vous effectuez quelque chose en sa mémoire, vous êtes heureux, vous vous rappelez son souvenir et en étant dans cet état, vous lui faites parvenir une onde d'énergie positive.

*« Nul besoin de poursuivre notre mission, car elle
est disparue en même temps que nous. »*
*« De tenter de faire ce que nous aurions fait,
c'est comme vouloir entrer dans la tête d'une autre
personne sans son autorisation. »*

Clark

RETENIR LES ESPRITS

En dernier lieu, je parlerai de la croyance qui veut qu'on retienne un esprit, qu'on l'empêche d'évoluer et de s'élever dans la lumière. Cette affirmation est en partie vraie. En effet, nous pouvons retenir un esprit, ici, sur notre plan physique. Quand et comment? Lorsque nous refusons d'accepter son départ, que nous arrêtons de fonctionner, que nous rendons l'esprit responsable de notre sort. Cela arrive aussi lorsque nous avons de la difficulté à arrêter de pleurer. Attention, dans les cas qui nous occupent, il faut bien comprendre que je ne parle pas des premières semaines qui suivent un décès, ni des quelques larmes que nous versons à un moment particulier. Je parle des torrents qui coulent à la moindre occasion, quand on ne fait plus rien d'autre que pleurer tous les jours.

Une autre chose empêche les esprits de se séparer de notre monde physique, c'est de voir leurs objets personnels, telles que les vêtements, les meubles ou leur voiture rester en place malgré leur départ. Comme dans l'histoire de Louis. Cela pousse les esprits à revenir et à rester dans leurs affaires terrestres. Alors que si nous en disposons respectueusement, les esprits n'auront d'autre choix que de continuer dans leur plan d'évolution, car ils sentiront bien que leur place n'est plus ici sur notre plan terrestre.

Nous disons souvent que c'est nous qui retenons les esprits sur notre plan physique, mais il arrive aussi que des esprits se retiennent eux-mêmes à nous, sans que nous ayons rien fait pour créer cette situation. Pour différentes raisons, un esprit qui refuse d'avancer dans la lumière va utiliser l'énergie d'une âme vivante, pour se maintenir à notre taux vibratoire. La peur de nous perdre, de ne plus pouvoir nous voir, fait réagir ces esprits de cette façon.

Comment savoir que c'est l'esprit qui se retient à nous et non l'inverse? Nous pouvons le savoir nous-mêmes en analysant la peine que l'on ressent. Si vous voyez ou entendez quelque chose vous rappelant l'être cher décédé, vous aurez des larmes, car un souvenir remontera à votre mémoire. C'est votre peine à vous et non celle de l'esprit. Si par contre vous êtes bien, d'humeur joyeuse, occupé à une tâche quelconque, et que tout à coup vous vous sentez envahi par une nostalgie venant de nulle part et que la peine et les larmes vous assaillent, cela vient de l'esprit, c'est sa peine que vous allez ressentir.

Peu importe la situation, celle où c'est nous qui retenons l'esprit ou celle où c'est l'esprit qui se retient à nous, je dis toujours la même chose: priez et envoyez l'esprit dans la lumière, il pourra revenir plus fort et ainsi être plus utile par la suite. Un esprit qui ira dans la lumière reviendra encore plus près de vous que lorsqu'il était vivant.

Imaginez l'esprit comme un ballon gonflé à l'hélium attaché à votre poignet. Lorsqu'il est neuf il flotte parfaitement dans les airs, mais si on ne lui redonne pas d'hélium il va retomber et pendre à votre poignet. Lorsqu'on détache le ballon gonflé, il aura tendance à s'élever dans le ciel, alors que celui attaché au poignet devra être constamment rempli pour pouvoir flotter de nouveau. L'hélium agit comme une énergie.

L'ÉNERGIE ET LES PRIÈRES

Chaque âme qui quitte son corps physique a besoin de prières pour évoluer vers son nouveau monde. Les prières sont une forme d'énergie positive à envoyer aux esprits, et ce, tout au long de leur évolution spirituelle. En effet, nous verrons plus loin que les esprits ont encore besoin de nos prières longtemps après leur décès physique.

Les prières que l'on fait peuvent être différentes d'une personne à l'autre. Certains ont foi en la religion et iront «dire des messes». D'autres se recueilleront sur la pierre tombale du défunt. Aucune prière n'est insignifiante, mais celles qui aident davantage les esprits sont celles où les bons souvenirs sont rappelés. Lorsque vous pensez à un défunt, revoyez de beaux moments le concernant, revoyez les bonnes actions que celui-ci a faites dans sa vie.

Je terminerai ce premier chapitre en vous rappelant la technique pour envoyer un esprit dans la lumière.

- Fermez simplement les yeux et concentrez-vous sur ce que vous voulez faire.
- Inspirez et expirez calmement.
- Faites taire votre mental ou votre côté logique.
- Demandez l'aide de votre ange gardien et de vos guides.
- Imaginez-vous rempli d'énergie de couleur pastel, de couleur douce.
- Imaginez cette énergie devenant de plus en plus brillante, de plus en plus claire.
- Imaginez-la de plus en plus grande autour de vous et à l'intérieur de vous.
- Imaginez que cette énergie est de l'amour pur, inconditionnel.

Maintenant, dirigez toute cette énergie vers l'esprit. Entourez-le de cette belle énergie et dites-lui télépathiquement de se diriger vers la lumière, dites-lui qu'il ressentira la même émotion dans celle-ci, et même mieux. Parfois les esprits ont peur de cette lumière, ils pensent qu'une fois entrés dans celle-ci ils ne pourront plus revenir nous voir. Dites-lui qu'il pourra revenir vous voir par la suite. Votre amour et votre confiance devraient venir à bout de ses craintes.

Finalement, si vous croyez qu'un esprit est accroché à vous, tel le ballon d'hélium, référez-vous au dernier chapitre de ce livre pour faire un nettoyage énergétique autour de votre personne.

Suggestions de films:
Mon fantôme d'amour,
La cité des anges,
Au-delà de nos rêves,
Et si c'était vrai.

Chapitre 2

Les étapes d'évolution de l'âme

Après la mort, l'âme devient un esprit. En fait, la mort n'est ni plus, ni moins qu'un changement de conscience. Au moment où se produit ce changement de conscience, certaines âmes en ressentiront les effets. D'autres n'en ressentiront rien ou encore ne s'en souviendront que beaucoup plus tard, ceci afin de comprendre certaines parties de leur vie terrestre. L'âme, après avoir vécu la décorporation, arrive tout d'abord à l'endroit de ses croyances; des esprits familiers seront là à l'attendre pour l'aider à cheminer vers la lumière, si telle est sa croyance. Mais encore faudra-t-il que ces mêmes esprits soient d'abord eux-mêmes passés dans la lumière. C'est à ce moment que l'âme devient esprit.

LA DÉCORPORATION

Lorsque survient la mort physique, cela veut dire que le corps qui nous a servi de véhicule terrestre arrête de fonctionner. Les organes, principalement le cœur, cessent leur activité, et c'est à ce moment que l'on situe l'heure du décès. Mais l'âme, elle, ne quitte pas toujours son corps physique à cette heure précise. Parfois elle le fait avant, comme lors d'un long coma où la personne ne revient jamais à elle avant de mourir, parfois elle le fait longtemps après. Par exemple, lors d'une mort par accident ou agression, l'âme va toujours sortir de son corps avant l'impact. La douleur que l'on ressent à la suite d'une maladie ou d'un accident non mortel a pour but de nous faire comprendre quelque chose, mais dans le cas d'un accident qui entraîne la mort, cette douleur ne se fait pas sentir parce qu'elle n'a pas de but, donc l'âme va quitter brusquement son corps physique afin de ne pas éprouver cette douleur. La fin rapide et définitive du corps physique, donc de la sortie subite de l'âme, cause bien souvent de la confusion auprès de l'esprit, qui ne sait pas ce qui lui arrive ni où il se trouve.

La séparation de l'âme d'avec son corps physique peut être rapide, comme elle peut être lente. Cela dépend de l'attachement de l'âme au matériel et au plan physique. La décorporation peut s'étendre sur des heures, des jours, des semaines, voire des mois.

LES ÉTAPES D'ÉVOLUTION DE L'ÂME

Prenons l'exemple d'une personne qui a bien pris soin de son aspect physique tout au long de sa vie; au moment de la séparation de son âme d'avec son corps si longtemps aimé et choyé, peut-être sera-ce difficile à accepter. À l'opposé, la personne qui a été si complexée de son corps peut s'en détacher plus rapidement. Notre attachement au plan physique et nos croyances contribuent largement à la rapidité à laquelle nous nous détacherons complètement de nos liens physiques.

Certains esprits vont ressentir ce changement avec émotion. Ils nous parleront alors de chaleur, de douceur, de sensation de légèreté et finalement de délivrance. Ils vont parfois rester, respectueusement, auprès de leur corps physique, pour l'observer et observer ce que celui-ci devient. Cette vision, il y en a certainement parmi vous qui l'avez déjà expérimentée, sans pour autant être morts physiquement. Il s'agit de voyage astral: l'âme sort de son corps physique et voyage consciemment sur le plan astral, celui parallèle au nôtre, et on peut se voir étendu dans son lit et observer son corps physique. Ces sensations s'apparentent à celles de la décorporation de l'âme au moment de la mort. Des liens qu'on appelle le cordon d'argent relient notre âme à notre corps physique. C'est grâce à ce cordon que nous retrouvons notre chemin afin de réintégrer notre corps chaque fois que nous en sortons, la nuit pendant nos rêves, lorsque nous faisons un voyage astral, au cours d'une anesthésie générale ou lorsque nous tombons sans connaissance. Au moment de la mort, ces liens se détachent du corps physique afin que l'âme soit délivrée, tout comme lorsque l'âme vient au monde sur le plan physique on doit couper le cordon ombilical afin de la rendre autonome et individuelle.

LE COMA

Il n'y a pas qu'au moment de la mort que l'on devrait se poser des questions à savoir s'il est possible que l'esprit nous voie ou nous entende. Durant un coma, il se produit le même phénomène que celui de la mort. La différence est que, tant que le corps physique est en vie, nous ne pouvons évoluer dans la lumière et poursuivre notre ascension vers celle-ci. Notre âme est toujours reliée à celui-ci et, aussi longtemps que vivra ce corps physique, il en sera de même.

Saviez-vous qu'il était possible de communiquer avec une âme qui est dans le coma? Vous pouvez le faire de la même manière que si vous parliez à un esprit décédé. Pourquoi? Eh bien, lors d'un coma, nous l'avons mentionné, l'âme est à l'extérieur de son corps, donc elle est sur un plan autre que le plan physique. Elle est sur le plan astral et erre tout comme une personne en train de rêver. Vous pouvez alors demander à rencontrer cette personne dans vos rêves, si l'âme est assez consciente de son état, elle pourra vous y rejoindre et vous donner des informations concernant son état actuel. C'est pourquoi je vous mentionne qu'il est très important de ne jamais cesser de parler à une personne dans le coma, à l'hôpital, mais aussi chez vous, pendant vos méditations et vos prières.

En médiumnité, il peut aussi arriver que l'on communique avec une âme comateuse, mais cela est très confus, car il manque à l'âme une bonne partie de sa conscience. C'est comme si je vous demandais des renseignements pendant que vous êtes sous sédatif léger, en état de somnolence partielle.

Une autre forme de décorporation entre une âme et son corps physique se fait lors d'un débranchement médical. Quand survient la grande question à savoir si vous devez débrancher un être cher, écoutez bien autour de vous, regardez les signes, il est possible que l'âme de cette personne tente de vous donner la réponse que vous cherchez. Car, effectivement, l'âme peut être assez consciente de son état et de ce qui se passe. Vous avez tous entendu une histoire à propos d'une personne revenue du coma et qui a évoqué les souvenirs de ce qui s'était passé durant son sommeil, par exemple qu'elle avait vu quel médecin avait travaillé sur elle et de quelle façon.

Lors de quelques communications, nous avons eu droit à des remerciements chaleureux pour avoir fait ce geste. Bien sûr, quelques personnes vivent de la culpabilité après avoir pris cette grande décision, mais je suis contente que ces gens soient dirigés vers moi par l'esprit qui veut leur transmettre un message. Ce qui fut le cas pour une mère de famille venue me voir dernièrement. Sa jeune fille d'à peine vingt ans a été renversée par un chauffard ivre. Elle a perdue conscience lors de l'impact et n'est jamais revenue à elle par la suite. Son corps était encore vivant, alors aux urgences les médecins l'ont branchée sur des appareils pour la maintenir en vie. Au bout de quelques jours, les parents de la jeune fille ont pris la décision de la laisser partir, faire son cheminement spirituel. Cette décision fut la plus difficile qu'ils n'aient jamais eue à prendre. Mais au moment de la consultation, nous avons eu un beau cadeau, la jeune fille est venue remercier sa mère pour ce geste, tout en sachant que cela avait été difficile pour elle.

Encore une fois, les croyances sont ici très importantes. Combien de temps terrestre peut-on s'acharner à vouloir garder quelqu'un en vie? Ici, je parle bien entendu d'une âme qui n'a plus aucune chance de revenir sur le plan physique, alors qu'il est possible pour nous de la délivrer de la souffrance physique afin qu'elle retrouve la paix et fasse le cheminement dans lequel son âme évoluera spirituellement.

Si jamais cela devait vous arriver, réfléchissez bien comme il faut, demandez l'aide de vos guides spirituels et sachez encore une fois qu'au contraire d'être fâchés, les esprits sont heureux d'accueillir une telle décision. Par la suite, afin d'aider l'esprit à aller vers la lumière, il ne faut pas traîner de culpabilité à l'intérieur de vous, car cela pourra freiner l'évolution de cet esprit.

Selon certaines expériences faites en laboratoire, le dernier des sens à quitter le corps physique est l'ouïe. Jusqu'au moment où notre corps physique décide de s'arrêter, nous entendons avec nos oreilles physiques tout ce qui se passe autour de nous. Alors il est important de savoir que ce que vous dites à quelqu'un qui est sur le point de terminer sa vie terrestre, l'âme l'entend, même quand il y a une perte de conscience.

Quand il y a mort physique — nous le disons bien: physique —, l'âme devient esprit. S'il est vrai que le corps physique, lui, nous le laissons sur le plan terrestre, notre conscience, donc notre personnalité, elle, nous suit dans notre évolution spirituelle. C'est pourquoi nous répétons qu'une fois mort, l'esprit ne change pas de personnalité, il reste le même. Souvenons-nous-en pour le chapitre des communications. Je donne aussi cette explication aux gens qui sont déçus de ne pas avoir été présents au moment du décès d'un proche après une longue hospitalisation; souvent ils emploient l'expression: «Il ne m'a pas attendu, pourquoi?» Parfois la réponse se situe du côté de la personnalité de celui qui vient de mourir. Je leur demande si ce parent était très ouvert et sociable ou plutôt s'il était celui qui aimait faire ses petites affaires sans attendre les autres. Si la réponse est la seconde, je leur dis que la personne a quitté comme elle a toujours été: indépendante.

Finalement, la totale décorporation survient quand l'esprit ne se perçoit plus avec son dernier corps physique, mais plutôt sous forme d'énergie.

L'ACCUEIL

Lorsque nous nous présentons dans l'au-delà, nous arrivons dans l'univers de nos croyances. Si vous croyez à telle forme de paradis, eh bien, c'est dans celui-ci que vous arriverez. Cet univers est situé sur un plan différent pour chacun de nous, cela dépend de notre cheminement. C'est comme si nous devions aujourd'hui retourner à l'école et faire des examens pour être classés selon nos connaissances. Nous serions tous classés à des niveaux différents, primaire, secondaire ou universitaire. Tel est le cas à notre arrivée de l'autre côté.

C'est ce qui explique pourquoi des esprits qui ont vécu ensemble, ici sur le plan terrestre, ne le sont plus au moment de leur prise de conscience dans l'au-delà.

Lorsque nous sommes redevenus esprits, nous restons imprégnés de notre dernière vie pendant un certain temps. Par la suite, lorsque nous retrouvons petit à petit nos mémoires antérieures, nous devenons énergie et les liens familiaux établis par une logique terrestre disparaissent graduellement pour, au contact d'un esprit, laisser la place à une âme. En communication, un esprit qui était père peut maintenant voir ses enfants comme des âmes à part entière et non plus comme un prolongement de lui-même. Il les voit comme des êtres en pleine évolution, son message sera de nature évolutive, plutôt que comme des ordres ou des plaintes.

Tenons pour acquis que nous croyons à la réincarnation et que nous n'en sommes pas à notre première vie. Nous aurons eu différents maris, femmes et enfants au cours de ces vies. Alors comment pourrions-nous être à la fois «le mari de», «la femme de» ou «l'enfant de»?

Bien entendu, à notre arrivée, nous revoyons tous ceux que nous avons connus, aimés et avec qui nous avons vécu toutes sortes d'expériences, mais tous ces esprits sont sur des plans différents et nous les voyons comme des esprits de lumière incluant toutes leurs vies passées. Une fois les retrouvailles effectuées, tous les esprits retournent à leur évolution personnelle. Si vous êtes au même degré d'évolution que des esprits connus dans cette vie-ci, vous pourrez évoluer ensemble. Tout comme certaines missions peuvent être conjointes envers une âme terrestre. Vous pourrez par la suite «visiter» les esprits avec lesquels vous aurez gardé des affinités et en rencontrer de nouveaux.

Suggestions de films:
Mon fantôme d'amour,
Au-delà de nos rêves,
Et si c'était vrai.

Chapitre 3

Les étapes d'évolution de l'esprit

Quand nous devenons un esprit, nous devons encore franchir des étapes pour évoluer, toujours dans la lumière. Parmi nous, certains se dirigeront droit vers cette lumière, passeront très rapidement les étapes d'évolution et seront sur un plan de conscience très spirituel dans lequel ils comprendront tout très rapidement. Pour d'autres, cela se fera plus lentement. Dépendamment de notre évolution et du nombre de vies passées ici sur le plan terrestre, notre retour à la conscience ainsi que notre personnalité déterminent la vitesse à laquelle nous irons, afin d'entrer dans la lumière.

C'est à la suite de plusieurs enseignements reçus au cours de communications que je peux vous expliquer les premières étapes que doivent passer nos défunts et qu'un jour, nous-mêmes, nous aurons à passer.

L'ACCEPTATION

La première de toutes les étapes, après avoir pris conscience de notre changement d'état, est celle de l'acceptation. Accepter que l'on est mort. Cela semble facile à dire comme ça, mais lorsqu'on s'arrête et qu'on y pense comme il faut, ce n'est pas aussi facile, cela dépend beaucoup de la façon dont le décès a eu lieu. Ceux qui ont le temps de préparer leur départ ont le temps d'accepter la mort bien avant le changement de conscience. Pour ceux qui n'ont pas le temps de se préparer, cela peut se passer autrement.

Plusieurs raisons peuvent empêcher l'acceptation de ce nouvel état — par exemple, ceux qui laissent ici sur Terre des enfants en bas âge, des gens qu'ils aiment ou une situation non terminée. Les esprits doivent eux aussi faire un deuil, ils doivent se rendre compte qu'ils ne pourront plus nous toucher physiquement, qu'ils ne pourront entrer en contact avec nous que très rarement et qu'ils devront trouver la façon d'établir ce contact. Par contre, eux savent qu'ils nous reverrons un jour, ils ont au moins cette certitude. Maintenant, pour celui dont la mort est une délivrance, l'acceptation de cette réalité se fera instantanément.

Dans les cas qui suivent, un des deux esprits a encore de la difficulté à accepter sa mort, alors que l'autre a fini par comprendre et accepter sa mort pour ainsi passer à l'étape suivante.

L'HISTOIRE DE NANCY

Le premier cas évoque quelqu'un que j'aime beaucoup, ma cousine Nancy. Elle est décédée en 2004 à l'âge de 35 ans d'un arrêt cardiaque, trois semaines après avoir donné naissance à son premier enfant. Elle et moi étions très proches et, au moment de son décès, je lui ai beaucoup parlé, je lui ai envoyé des prières et de l'énergie afin qu'elle se dirige vers la lumière. Je pensais que par la suite, étant donné mon don, il me serait facile de communiquer avec elle. Nancy croyait à la vie après la mort, mais elle a toujours été de nature peureuse. Il s'est passé beaucoup de temps terrestre avant que j'aie un premier signe d'elle, et ce fut un signe dans mes rêves. Dans ce rêve, je voyais arriver ma cousine avec un flacon de médicaments, qu'elle me montrait en me disant: «Je vais prendre ça et je vais revenir, tu vas voir...» À mon réveil, j'ai vite compris qu'elle avait de la difficulté à accepter son état, car elle essayait de me dire qu'elle allait revenir. Toujours dans mes rêves, elle m'annonçait qu'elle s'était trouvé un logement et qu'elle y aménageait avec son chum et son bébé, elle me le faisait même visiter. Tous ces rêves m'indiquaient qu'elle errait entre deux mondes parce qu'elle n'avait pas encore accepté la première étape. Non pas qu'elle n'était pas bien, car dans les rêves de certaines autres personnes, elle apparaît comme étant bien. Moi, je crois qu'elle a fait le choix d'attendre son chum et son bébé pour continuer son évolution.

Peu avant d'écrire ce livre, j'ai fait un dernier rêve la concernant. Dans celui-ci, mon téléphone sans fil sonne, je vois sur l'afficheur son prénom, sachant qu'il s'agit d'elle, j'hésite à répondre... Fera-t-elle comme d'habitude et nier qu'elle est dans l'au-delà ? Je prends une chance et je réponds. À l'autre bout, c'est bien sa voix, elle me parle comme si on avait jasé la semaine passée. Je lui demande si elle va bien, elle me répond que oui, je lui demande avec hésitation si elle sait où elle se trouve, elle se met à rire et me dit oui. Je suis alors très excitée, j'essaie de me contrôler car je ne veux pas perdre la communication, je lui demande si c'est beau là-haut, si c'est comme on le croit quand on est ici. Elle se dépêche de me répondre, toujours en riant. Tout à coup, elle me coupe la parole et me dit de façon un peu détournée qu'elle est allée chez son chum et qu'elle n'y a pas trouvé ses affaires à elle et qu'elle ne l'a pas trouvé lui non plus... Télépathiquement, je la vois fouiller dans un grand bureau, elle cherche ses vêtements. Dans mon rêve, je soupire et m'aperçois qu'elle en est toujours au même point. Elle m'a appelée parce qu'elle était perdue et que j'étais réceptive à ses appels. Je lui dis alors que son chum vient de déménager et qu'il va bien, qu'elle n'a pas à s'en faire. À ce moment, le rêve s'est terminé. À mon réveil j'étais bouleversée, je croyais qu'elle avait accepté son état, mais à la suite du rêve j'ai compris que ce n'était pas encore fait.

Il arrive malheureusement que, malgré tout l'amour et l'affection que nous avons pour un esprit, nos prières et l'envoi d'énergie ne le fassent pas aller plus vite. C'est lui seul qui peut décider de son sort. Le cas de ma cousine est assez complexe, elle se retient dans notre monde physique, mais il y a encore des gens physiques qui la retiennent. L'endroit où elle est en ce moment l'empêche d'avoir toute sa conscience, donc de savoir qu'elle serait mieux dans la lumière. De devoir faire face aux choses vécues physiquement avec si peu de conscience fait aussi que l'on retarde cette étape.

L'HISTOIRE D'UNE JEUNE MÈRE DE FAMILLE

Dans le deuxième cas, une femme vient me consulter pour entrer en communication avec sa jeune sœur décédée dans un accident de la route. La séance débute, la jeune femme décédée est là près de moi, dans mon aura à ma droite, je la ressens très bien, mais je sens de la colère et de la confusion. La consultante lui demande si elle est bien et si elle est dans la lumière. Elle lui répond qu'elle est bien, qu'elle évolue doucement, mais qu'elle cherche encore à comprendre certaines choses qui l'empêchent de progresser. J'essaie alors de voir ce qui lui fait obstacle. Je demande à la consultante si sa sœur avait des enfants. Elle me répond qu'elle avait deux petites filles. Je ressens de nouveau la colère et au même moment les énergies entourant l'esprit baissent de vibration. Je demande alors l'aide de guides spirituels afin de comprendre et d'aider l'esprit. Au même moment, j'entends l'esprit dire: «Pourquoi moi et pas lui? J'étais une bonne mère alors que lui ne s'occupe pas d'elles!» Je comprends qu'elle fait référence au père de ses filles.

Je regarde la consultante et lui demande si le père des filles s'occupe bien d'elles. Elle lève les yeux dans les airs en soupirant et me confirme ce que sa sœur m'envoie comme image: il ne s'occupe pratiquement jamais d'elles. Selon la consultante, les petites sont toujours d'un bord où de l'autre. À l'évocation de cette situation, la consultante se met elle aussi en colère. Alors, je me laisse mener par mes guides pour lui expliquer la situation. Je lui dis que ce que j'ai entendu télépathiquement venant de sa sœur est que l'obstacle principal à l'acceptation de son état est qu'elle s'en fait pour ses filles. Et que lorsqu'elle va chercher du réconfort auprès de sa famille, celle-ci a les mêmes énergies qu'elle, soit la colère et la frustration. Alors, loin d'y trouver l'énergie nécessaire, elle refuse encore plus son état.

LES ÉTAPES D'ÉVOLUTION DE L'ESPRIT

Il faut que la famille change d'attitude si elle veut aider l'esprit de la jeune femme à aller dans la lumière. Toujours en gardant le contact avec les petites, la famille doit laisser le père faire ce qu'il croit être bien; c'est maintenant sa mission à lui et il doit prendre soin de ses filles à sa façon. Tout en donnant les explications, je ressentais l'esprit de la jeune femme s'ouvrir et se diriger vers la source qui me donnait ces informations. Elle a écouté avec moi ce que disait ce guide et s'est avancée d'elle-même dans la lumière. Cela a duré quelques minutes, ensuite elle est revenue vers nous et a dit à sa sœur qu'elle avait compris qu'elle pouvait être près de ses filles tout en étant dans la lumière. Elle lui a demandé d'accepter à son tour son départ de la Terre et de donner une chance au père des petites.

Pendant la séance, nous avons assisté à une délivrance d'âme. Cet esprit refusait d'accepter son état parce qu'il croyait que le père des filles était inapte à les élever. La jeune femme lui en voulait d'être vivant alors qu'elle était morte. Elle réagissait avec des émotions encore terrestres. Lorsqu'elle s'est élevée dans la lumière, sa conscience s'est éclairée et elle a compris la mission de cet homme, resté ici avec ses filles. L'esprit de la jeune femme a pu finalement passer à la prochaine étape de son évolution.

Il y a des esprits qui, pour accepter leur mort, ont besoin de se faire aider pour comprendre les circonstances de leur décès. J'explique alors à la personne venue consulter que l'esprit confus refuse toujours de croire à son état. Si c'est possible pour elle, je lui demande de retourner sur les lieux de la mort de l'esprit et de visualiser avec lui le déroulement de ce moment. Je sais que c'est une étape délicate, et pour la personne vivante et pour l'esprit dans l'au-delà. Mais cela aide l'esprit à accepter son état, et il pourra cheminer vers la lumière afin de poursuivre son évolution. Il aura plus de facilité à vous entendre et à vous croire, vous, que de croire en un guide dont la mémoire le concernant n'est pas encore consciente.

Il en est de même pour les esprits dont les corps n'ont pas été retrouvés. Ce ne sont pas tous les esprits qui ont besoin que l'on retrouve leur corps ou qu'on élucide leur mort, mais il y en a qui en ont besoin afin de se défaire des liens invisibles qui les relient à ces corps.

LA RECONNAISSANCE

La deuxième étape est celle de la reconnaissance. Pour évoluer et avancer dans l'au-delà, nous avons besoin d'énergie. Cette énergie provient du plan sur lequel nous nous retrouvons une fois mort, mais elle provient aussi du plan physique. Cette énergie qui nous fait avancer vers la lumière s'appelle: Amour. Alors, dès que nous avons accepté notre état, notre conscience est un peu plus éclairée, et nous allons donc au-devant de ceux que nous avons connus et côtoyés. Une fois près d'eux, nous visualisons à travers leurs âmes la place que nous occupions dans leur cœur. Pour certains esprits ce sera la surprise, la joie, voire une forme de gêne, tellement ils se rendent compte qu'ils sont aimés d'une personne. Pour d'autres esprits, cette étape sera perçue comme une épreuve et ils trouveront plus difficile de passer au travers, surtout si de leur vivant ils étaient renfermés et antisociaux.

Les esprits accumuleront tout cet amour et, tel le ballon d'hélium, ils s'envoleront vers la lumière tout heureux et tout joyeux. C'est une belle étape à franchir et il vaut parfois la peine de s'y attarder!

LE FILM DE NOTRE VIE

La troisième étape est un peu plus longue. C'est celle du déroulement de notre vie. Nous voyons se dérouler, dans notre conscience, une à une les grandes étapes de notre vie et nous essayons maintenant de les comprendre. Nous ne voyons pas ces étapes chronologiquement, c'est-à-dire de notre naissance jusqu'au moment de notre mort, nous les voyons selon le degré d'énergie que nous avons accumulé. Nous progresserons vers les plus difficiles au fur et à mesure que nous avancerons. Ce sera dans ces périodes cruciales que l'esprit aura besoin d'encore plus d'énergie, alors plusieurs semaines, voire des mois plus tard, nous pouvons aider les esprits en leur envoyant des pensées d'amour.

> « Nous en avons besoin encore plus particulièrement lors de ces changements d'étapes. »
> Benoît

Certaines personnes vivantes en ressentiront les répercussions dans leur aura. L'émotion ressentie est comme une nostalgie, sans savoir d'où cela provient, accompagnée souvent d'une image ou d'un souvenir concernant un défunt. Quand cela vous arrive, prenez cinq minutes pour envoyer de l'amour à cet esprit. C'est un signe qu'il vous fait.

C'est aussi dans ces moments de compréhension que nous évoluons sur le plan des émotions. À notre arrivée dans l'au-delà, nous avons des émotions qui ressemblent à celles du plan terrestre et plus nous évoluons, plus nous devenons compréhensifs, compatissants et tolérants envers les âmes terrestres.

C'est parfois d'après ses réactions que je peux situer l'évolution d'un esprit. <u>Plus l'esprit est amour</u>, plus je sais qu'il est rendu loin dans son <u>évolution</u>; plus un esprit a des réactions de colère, de frustration ou d'agressivité, plus je situe cet esprit au début de son cheminement dans l'au-delà.

Nous pouvons aussi connaître le degré d'évolution où sont rendus les esprits lorsqu'ils se présentent à nous. Si nous les voyons vêtus et effectuant des actions physiques telles que s'asseoir sur une chaise ou marcher en contournant des objets existant sur notre plan terrestre, les esprits en sont au début de leur évolution. Si, lorsque nous communiquons, nous percevons une énergie plutôt qu'une image, nous savons que nous avons affaire à un esprit qui a fait une plus grande évolution. Leurs discours et leurs messages ne sont pas les mêmes non plus. Les esprits qui sont au début de leur cheminement vont donner des messages plus terre-à-terre, alors que ceux qui sont plus évolués vont parler avec des mots d'amour et donner des messages très spirituels.

Je ferai ici une parenthèse concernant l'évolution que fait un esprit en arrivant dans l'au-delà. Lors de mes premières communications médiumniques avec l'au-delà, il m'est arrivé de ne pas pouvoir communiquer avec des esprits en particulier, sans savoir pourquoi. J'ai alors demandé la raison à mes guides. Ils m'ont expliqué que certaines âmes, à leur arrivée dans l'au-delà, étaient tellement fatiguées que leur corps d'énergie nepouvait être utilisé pour franchir les étapes d'évolution habituelles. Particulièrement les âmes qui avaient combattu de longues maladies, ou qui avaient souffert émotionnellement durant une longue période.

Ces âmes sont pendant une période indéterminée en traitement d'énergie, dans ce que l'on peut appeler des centres d'énergie. Des guides travaillent sur les corps de ces âmes afin de leur redonner toute l'énergie nécessaire pour traverser les prochaines étapes d'évolution. Pour moi, il est maintenant possible d'avoir accès à cet endroit pour prendre des nouvelles d'esprits en traitement, et ainsi expliquer aux gens venus consulter pourquoi la communication est difficile ou pourquoi ils ne reçoivent pas beaucoup de signes de la part de leurs défunts.

Suggestions de films:
Les autres,
Le sixième sens.

Chapitre 4

Les différents plans de l'au-delà

Dans de nombreux ouvrages, beaucoup de médiums nous parlent de sept différents plans: plan mental, plan causal, plan émotif, etc. Bien que j'adhère à ces explications, je vais plutôt vous en parler en mes propres mots et d'après mes propres expériences. Il existe selon moi plusieurs plans. Tout d'abord, il y a le monde parallèle au nôtre, soit le premier plan: plan astral. Ensuite vient un plan inférieur au plan astral: le bas astral, celui où errent les âmes de basse évolution. Par la suite, il y a les plans de lumière, où évoluent les esprits en constante évolution spirituelle. Dans ces plans, on trouve entre autres la garderie, les centres d'énergie et plusieurs autres. Le taux vibratoire de ces plans est différent pour chacun, et les esprits modifient leurs états pour y évoluer ou y travailler. Les plans, entre eux, n'ont pas vraiment de limites ou de gardes aux portes qui empêchent les intrus d'y pénétrer.

C'est toujours notre conscience qui nous donne le pouvoir de franchir ces limites. C'est pourquoi un esprit du bas astral ne peut pas aller sur les plans de lumière et revenir dans le bas astral aisément; son taux vibratoire ne le permet pas, il doit franchir des étapes d'évolution bien distinctes pour ainsi augmenter son taux vibratoire et avoir accès aux plans plus hauts. Et seuls les esprits expérimentés peuvent prendre le risque de descendre dans le bas astral. Car l'esprit peu expérimenté pourrait se laisser influencer et ne pas être capable de revenir sur les plans plus élevés.

« Il en coûte cher à ceux qui s'y risquent. »
Elizabeth

LE PLAN ASTRAL

Ce premier plan est celui qui est le plus près de nous. C'est sur ce plan que nous faisons la plupart de nos expériences psychiques. Je l'appelle bien souvent le monde parallèle.

Nous nous retrouvons sur ce plan chaque fois que nous nous endormons. Nous y faisons nos rêves et ainsi expérimentons toutes sortes de choses, afin de choisir ce qui sera le mieux pour nous. Au cours de nos visites, il nous est possible de retrouver notre ange gardien et de vérifier avec lui si nous sommes toujours bien placés dans l'accomplissement de notre mission. C'est aussi sur ce plan que nous rencontrons nos êtres chers, décédés.

Certains esprits, après avoir franchi les trois étapes mentionnées précédemment, décident de rester sur le plan astral plutôt que d'aller vers les plans de lumière. Ils font ce choix parce qu'ainsi ils peuvent rester près des gens qu'ils ont aimés dans cette vie-ci, jusqu'à ce que ces gens aient fait un cheminement dans le deuil, ou bien afin de terminer des choses dans le monde parallèle. Il y en a qui vont et viennent entre le plan astral et le premier plan de lumière. Ceux qui restent sur le plan astral vont tout de même évoluer, ils vont apprendre de nos gestes et de nos actions. Dans les plans de lumière, il est difficile de comprendre des émotions terrestres, alors quoi de mieux que le plan qui s'en rapproche le plus pour faire ces expériences?

Prenons un exemple. Combien parmi vous n'arrivez pas à comprendre la femme qui retourne sans cesse vers un homme jaloux, violent et qui la bat continuellement? Sur le plan astral, il est possible d'assister à cette scène et de comprendre, avec un état de conscience plus élevé, pourquoi la femme a cette réaction. Prenons un autre exemple. Un esprit qui n'a jamais eu de vraie vie de famille, par choix ou par obligation, se dirige un beau dimanche après-midi chez une famille réunie autour d'un bon repas, sans occasion spéciale. Il verra rayonner autour de chacun des membres, du plus jeune au plus vieux, une énergie de bonheur et de plaisir. Il pourra s'imprégner de ces auras, ressentir lui aussi ce que ces gens ressentent et apprendre de cette sensation.

C'est aussi sur ce plan que tout ce qui est matériel ici est reproduit dans le monde parallèle. Au tout début du plan, du moins. Ceci est créé grâce à la pensée. Quand on pense à un esprit qui refuse d'accepter sa mort, qui décide de vivre encore dans ses effets personnels, dans sa maison, c'est en partie sur le plan astral que cela se passe. L'esprit vivra avec des émotions terrestres et se nourrira d'énergie terrestre pour rester à ce niveau. Et comme cette énergie est lourde, il est plus difficile pour l'esprit de rester conscient longtemps. Alors par moments c'est comme s'il flottait dans le néant, jusqu'à ce qu'il reçoive de l'énergie terrestre qui lui permettra de répéter des scènes et des gestes auxquels il était habitué.

Les esprits décédés par accident se déplacent aussi sur ce plan. Pour eux, il semble y avoir quelque chose de rassurant. Ils voient leurs objets, ils s'entêtent à vouloir les prendre, mais comme le temps n'existe pas de l'autre côté, ils peuvent recommencer l'exercice mille fois! Ils voient aussi les membres de leur famille, encore là, ils essaient d'entrer en contact avec eux et ils ne comprennent pas pourquoi on ne leur répond pas. Leurs guides et anges gardiens attendent patiemment qu'une prise de conscience se fasse pour les emmener vers la lumière et commencer avec eux les étapes d'évolution.

En communication, nous devons nous concentrer pour savoir si l'esprit envoie des images provenant de souvenirs du passé ou bien si les images se font en temps réel sur le plan astral. J'ai déjà vu un esprit, sur mon écran mental, en train de jouer aux cartes avec des membres de sa famille, tous décédés. Cela se passait en temps réel et n'était pas un souvenir du défunt.

LES PLANS DE LUMIÈRE

Je les appelle ainsi, mais j'aurais pu aussi les appeler les plans de la conscience, car la lumière est la conscience. Plus on s'éloigne du plan astral, plus les images qui étaient claires et nettes s'estompent. À la place, tout devient lumineux et nous comprenons mieux les choses, notre conscience étant de plus en plus claire. C'est en traversant ces plans que nous retrouvons nos mémoires de vies passées. Nous avons accès à une immense sphère que nous pourrions comparer à une bibliothèque, et dans cette sphère nous pouvons retourner à une journée ou à un moment précis de l'une ou l'autre de nos vies et ainsi se souvenir de ce qui y a été vécu.

Encore une fois, ces plans n'ont pas de limitation comme telle, seules l'ouverture et l'évolution de notre conscience constituent la limite. Dans le premier plan de lumière, nous retrouvons des esprits qui étudient. Certains peuvent étudier et parfaire des connaissances déjà acquises dans l'une de leurs vies, alors que d'autres étudient de nouvelles choses pour leurs prochaines incarnations. D'autres encore font des activités qu'ils ont toujours aimées ou qu'ils auraient aimé faire, comme le jardinage. J'ai vu souvent des esprits à cet endroit, ils sont souriants, décontractés et s'occupent du règne végétal. J'en ai vu d'autres pêcher ou faire de longues marches. Leur esprit est libre, ils nous parlent d'amour et nous transmettent leur sagesse. Il y en a même qui voyagent et qui visitent de grandes bibliothèques, où ils lisent sur les grandes périodes de l'Histoire. D'autres encore visitent des galeries d'art ou des mondes de musique.

C'est aussi en arrivant sur ces plans que se décident les missions, celles des esprits. Nous avons une mission terrestre, mais les esprits peuvent en choisir une, à accomplir sur un des différents plans. Il y a des esprits professeurs qui enseignent dans les écoles dont nous avons parlé plus haut, il y a des esprits médecins et aides-médecins qui donnent les traitements dans les centres d'énergie. Il y a des «passeurs d'âmes», ceux qui dirigent les âmes quittant leur corps pour entrer dans l'au-delà. Chacun de ces esprits a des connaissances spécifiques et une évolution plus spirituelle afin d'accomplir sa mission.

Les esprits peuvent rester longtemps sur un de ces plans d'évolution, et il peut y avoir plusieurs incarnations terrestres avant qu'un esprit puisse accéder à un plan de lumière plus élevé. L'expérience et la compréhension acquises d'une incarnation à l'autre sont ce qui détermine le plan sur lequel l'esprit se reposera et continuera d'évoluer.

LE BAS ASTRAL

Ce plan est celui des esprits errants, ceux qui ne veulent pas évoluer vers la lumière ou qui sont perdus depuis de nombreuses années. Lorsque je communique avec un esprit se trouvant sur ce plan, le froid est le premier contact que j'ai. C'est comme si j'ouvrais la porte d'un congélateur et que j'y entrais. Parfois, je ressens ce froid avec différentes parties de mon corps, alors qu'à d'autres moments c'est mon corps au complet qui le ressent. Il est aussi très demandant en énergie de communiquer sur ce plan. Bien entendu, mon but est d'aider un esprit à évoluer, je n'entretiens jamais longtemps une communication sur ce plan.

Toujours sur ce plan, la noirceur règne, les esprits se sont habitués à la pénombre, ils voient bien ce qu'ils veulent y voir. Ils passent leur temps à faire des choses inutiles et négatives, ils paressent, ils cherchent à revivre des sensations terrestres telles que l'état d'ébriété, les paradis artificiels causés par les drogues ou les médicaments. D'autres vont fréquenter des gens négatifs, voire dépressifs, pour se sentir compris et moins seuls.

Sur ce plan se trouvent aussi les esprits de ceux qui se sont suicidés et qui croient que c'est tout ce qu'ils méritent. Je parlerai plus en détail de ces esprits dans le chapitre sur les suicidés. Les esprits ayant ce qu'on appelle une âme noire, tels que les criminels sans remords et les psychopathes, se trouvent tous sur ce plan. Et ils y resteront jusqu'à ce qu'ils croient qu'il existe mieux ailleurs. À ce moment, leur ange gardien sautera de joie et profitera de ce petit éclair de bonne conscience pour les entraîner loin de ce monde noir. Ces esprits plus que n'importe quels autres ont besoin de notre amour et de nos prières. Car comme ils sont plus près de notre monde physique que des mondes de lumière, c'est nous qu'ils entendront et verront en premier. Le langage et les messages provenant de ces esprits ne sont jamais agréables et ne nous apportent pratiquement aucune évolution.

LA GARDERIE

Retrouvons un plan plus agréable, où il fait bon aller chercher des messages et en apprendre un peu plus sur le monde de l'au-delà: la garderie. Ce plan est spécial, il regroupe les esprits de jeunes enfants décédés sur notre plan physique. C'est un plan où ces esprits évoluent comme s'ils étaient dans un monde à part entière. Ils apprennent quantité de choses qui se situent entre notre monde physique et le monde de l'au-delà. Dans cette sphère, ils sont protégés des esprits du bas astral ou des sphères où règne la confusion. Ils sont aussi protégés contre la peine de leurs parents. Comme la plupart des esprits de ce plan sont décédés en bas âge, leurs étapes d'évolution sont courtes, l'acceptation se fait plus facilement car la mémoire de l'au-delà est encore récente, la reconnaissance est rapide aussi car les liens qu'ils ont faits concernent surtout la famille proche et le film de leur vie est assez court. Donc, ils n'auront que très peu de choses à comprendre.

Certains de ces esprits évolueront sur ce plan jusqu'à ce qu'il leur soit possible d'être autonomes pour se diriger vers un autre plan. D'autres attendront un de leurs parents, de leur dernière vie terrestre, pour cheminer avec eux sur un autre plan. Comme l'esprit de l'enfant avait choisi ses parents pour l'accomplissement de sa mission terrestre, aussi courte fût-elle, il est naturel de croire que l'esprit voudra de nouveau cheminer avec ces âmes lorsqu'elles seront devenues des esprits.

La communication médiumnique avec ces esprits est parfois drôle et rafraîchissante, comme lorsque vous rencontrez des bouts de choux en sortie dans un parc. Mais lorsque vous êtes vous-même une maman, ce genre de communication est très délicate et suscite beaucoup d'émotions.

L'HISTOIRE D'UN PASSEUR D'ÂME

Une maman avait attendu dix ans avant de communiquer avec un médium pour savoir si son fils, décédé à l'âge de six ans d'un cancer, était bien. Après la lecture de mon premier livre, *Les morts nous donnent signe de vie*, elle s'est dit que c'était le bon moment. Et nous avons eu droit à toute une consultation...

La dame s'assoit en face de moi et disperse ses photos sur la table. Elle me raconte un peu l'histoire de son fils. Aussitôt amorcée, la séance se charge d'émotion, le fils est heureux de voir sa mère et lui fait part de sa fierté de la voir passer jour après jour à travers la perte et l'absence de son fils. Lorsque je lui parle, je reçois des phrases d'un enfant plus évolué qu'un enfant de six ans, mais à peine. Nous avançons dans les questions, mais par moments je perds la communication, c'est comme si le garçon allait ailleurs et revenait. Je lui en demande télépathiquement la raison, il me montre alors sur mon écran mental une petite fille dans un hôpital pour enfants, couchée sur son lit. Il me dit qu'elle a le cancer, mais que dernièrement le médecin a dit à ses parents qu'elle allait s'en sortir. Mais le petit garçon me dit tristement que ce ne sera pas le cas et qu'elle va mourir bientôt. Il me montre que la petite fille le voit, lui, même s'il est mort. Elle lui fait des sourires et le petit garçon lui dit télépathiquement de ne pas s'en faire, qu'il sera là quand elle devra partir.

De retour au moment présent, j'explique tout ce que je vois à la maman, elle sourit et me dit que son fils a toujours eu grand cœur et qu'il aimait aider les autres. Je reviens à lui et lui demande pourquoi c'est lui qui est là, avec la fillette. Il me répond avec une très grande sagesse que souvent ce sont les esprits des enfants décédés qui attendent les âmes d'enfants pour les aider à traverser dans la lumière, car les enfants ont naturellement une crainte envers les adultes. Si au moment de sortir de son corps un adulte demande à un enfant de le suivre, cela sera plus difficile et plus risqué de perdre l'âme... alors que c'est plus facile pour un enfant de suivre un esprit enfant.

Il revient à la chambre d'hôpital et me montre l'image de la petite fille entourée de son papa et sa maman qui se réjouissent de la guérison de leur fille.

Mais la petite fille, elle, regarde l'esprit du petit garçon et c'est comme si elle le voyait très bien et savait ce qui l'attendait. J'ai demandé à la maman du petit garçon si elle connaissait une petite fille dans cet état, mais elle avait beau chercher, elle ne trouvait pas. En terminant ses explications, le petit garçon me donna un nom de fillette, qu'on prit en note. Le petit garçon transmit encore quelques messages à sa mère et nous quitta en nous disant qu'il était très occupé et qu'il retournait maintenant vers la petite fille. Plusieurs jours plus tard, la mère du petit garçon me téléphona et me dit que dans le journal de sa région une petite fille portant le prénom mentionné était décédée à l'hôpital...

NOS ANIMAUX

Et nos animaux? Eux, où vont-ils? Ils vont sur différents plans. Ils peuvent se retrouver sur un plan qui ne leur appartient qu'à eux, mais ils peuvent aussi aller aider un ancien maître ou maîtresse à traverser dans la lumière. Parce qu'ils sont plus intelligents? Non, tout simplement parce qu'ils sont capables d'amour inconditionnel et que c'est de cette énergie dont les esprits ont besoin pour avancer. En consultation, il n'est pas rare pour moi de voir un chien ou un chat gambader joyeusement autour du consultant, pour lui dire qu'il est là, ou bien qu'il est avec son maître décédé. Plusieurs personnes ressentent la présence de leurs animaux défunts à la maison, alors je vous dis que vous avez raison. Il est tout à fait possible de sentir leur présence dans certaines pièces de la maison. Certains médiums se spécialisent même dans la communication avec les animaux.

Suggestion de film:
Au-delà de nos rêves.

Chapitre 5

La communication avec l'au-delà

Comme je l'expliquais dans mon introduction, à la suite des multiples communications que j'ai reçues à la sortie de mon premier livre, j'ai compris que les gens ont encore beaucoup de questions et ont une soif de mieux comprendre ce monde parallèle au nôtre. J'aimerais vous expliquer comment se déroulent les communications, comment vous préparer lorsque vous désirez passer par un médium pour recevoir un message venant d'un être cher, à quoi vous devez vous attendre dans ces rencontres et ce que les esprits voudraient bien que vous sachiez.

MES FACULTÉS

Pour moi, la capacité de canaliser des esprits est naturelle. Cela veut dire que sans rituel, sans dispositions particulières et sans outil, je peux capter un message venant d'un autre plan. Je ne laisse jamais un esprit prendre possession de mon corps ou de ma voix, et l'expression de mon visage ne change pas. J'ai cette capacité depuis mon enfance et elle évolue sans cesse, dans le but d'accomplir une partie de ma mission terrestre. Une communication avec un esprit peut se produire n'importe où et n'importe quand, mais je préfère que cela soit utile, alors j'essaie de concentrer mon intuition en cours de consultations médiumniques.

Tous mes sens sont en état d'alerte lorsque je suis en communication. Je peux voir les esprits, les entendre, les ressentir, capter des odeurs et percevoir un goût à l'intérieur de ma bouche. Je peux aussi les sentir sur ma peau. Chaque communication est différente, mais parfois les mêmes messages reviennent.

Lorsque je perçois un esprit, je peux le voir en image, c'est-à-dire que je peux le décrire physiquement parce que l'esprit a choisi cette façon de commencer la communication. Quand je dis que je vois l'esprit, je veux dire que je le vois sur un écran mental dans ma tête. Ensuite, je vois l'esprit faire des gestes en fonction de l'endroit où l'on se trouve, c'est-à-dire contournant une table, assis sur une chaise, ou bien je le vois dans son monde à lui. Par la suite, je laisse l'esprit libre de communiquer par le sens avec lequel il a le plus de facilité. Celui qu'il choisit est plus souvent qu'autrement en lien avec le ressenti, c'est-à-dire les émotions, par la suite, l'esprit tentera de communiquer avec moi de façon télépathique.

Laissez-moi vous raconter une anecdote concernant les agissements physiques d'un esprit...

VISITE A LA CONFÉRENCE

Je me rendais à une conférence et, pendant que mon mari conduisait la voiture, je repassais mentalement ce dont j'allais parler pendant la soirée. En me retournant légèrement vers la gauche, je vois un homme, assis derrière mon mari. Je dis aussitôt à Michel, mon mari: «Il y a un homme assis derrière toi.» À la fois sceptique et curieux, Michel me demande de quoi a l'air l'homme en question. Je le décris comme tel: «Il a la fin quarantaine, il porte une chemise d'été et un pantalon clair. Ses cheveux sont lisses et brun foncé. Il est entré dans la voiture et s'est assis sans faire attention à nous, il regarde par la fenêtre avec une main sous son menton.» Cet esprit suivait notre monde physique, il était assis dans une voiture et regardait par la fenêtre en faisant des mouvements physiques terrestres.

En tournant un peu plus mon regard, je vois un jeune enfant assis tout à côté de l'homme. Je sais que c'est un enfant, mais je ne peux le décrire aussi nettement et clairement car je ne le vois pas assez bien.

Comme d'habitude, Michel semble fasciné par ce que je lui raconte, mais il reste toujours une lueur de scepticisme dans le fond de ses yeux. Je lui dis alors: «Ces esprits viennent pour la conférence et j'espère qu'ils vont voir ceux qu'ils veulent voir.»
Exceptionnellement, je dois faire deux consultations avant ma conférence, une mère et sa fille. Michel me laisse à la salle, où il reviendra plus tard pour m'aider à préparer ma conférence. Je m'installe donc pour la première consultation. La dame sort la photo de son défunt mari pour savoir s'il est possible de communiquer avec lui. Croyez-le ou non, mais c'était l'image conforme de l'homme assis dans la voiture avec nous! Ensuite, c'est au tour de la jeune femme. Elle me sort elle aussi la photo de son père, et je lui raconte que ce dernier est embarqué comme ça dans ma voiture pendant que je me rendais ici. Elle se met à rire et me dit que c'était bien lui, ça, d'agir de la sorte. Tout en discutant, elle me sort d'autres photos. L'une, qui montre un petit garçon, attire tout de suite mon attention. Je la regarde et demande à la femme si cet enfant pouvait être assis avec son père dans ma voiture tout à l'heure. Elle me fait un signe affirmatif, les larmes aux yeux.
Quand revient Michel, je m'empresse de le présenter aux deux femmes tout en lui racontant que l'homme et l'enfant qui étaient assis dans notre voiture étaient venus pour elles. Les femmes disent

à mon mari que la description correspond aux photos qu'elles ont apportées...

Mais revenons maintenant aux émotions...

LES ÉMOTIONS

> *« Les émotions sont le véhicule de transmission des communications. »*
>
> Jean

En tant que médiums, nous nous devons d'être équilibrés émotionnellement pour tenir des communications avec un autre plan. Il faut que le corps émotif soit neutre afin de recevoir un message. Souvent, j'image cette explication, comparant mon canal émotif à un lac. Lorsque nous nous penchons au-dessus d'un lac calme, nous pouvons y voir notre reflet de façon claire et nette. Supposons que nous y lancions une petite roche, nous perdrons un court instant l'image claire, nous ne verrons plus rien. Lors de la communication médiumnique, l'effet est le même. Tant que je maintiens mes émotions au neutre, je suis capable d'avoir une image claire ou de ressentir les choses clairement. Mais dès qu'une des deux personnes, l'esprit communiquant ou moi, est perturbée dans ses émotions, la communication se coupe.

Je vous donnerai aussi l'exemple des rêves. Lorsque vous faites un rêve où les émotions — peur, chagrin, joie — deviennent trop fortes, vous vous réveillez subitement à cause de ces émotions. C'est exactement la même chose au cours d'une communication.

Dans le cas des esprits, surtout ceux qui ne sont pas avancés, leurs émotions ressemblent à nos émotions terrestres, alors s'ils ont de la peine ou une trop grande joie, cela déstabilise le contact. De mon côté, si je suis dérangée par la réaction du consultant, je perds le lien. Lorsqu'il s'agit de peine ou de joie, je me suis habituée à ces réactions, donc je reprends vite la communication. Mais dans le cas où je sens une fermeture, une négation ou une pression venant du consultant, je perds automatiquement la communication. Le lien de confiance, si fragile entre le médium et le consultant, se brise et il m'est très difficile par la suite de revenir et de rétablir la communication avec l'esprit. Cela arrive lorsque les gens n'acceptent pas le message venant du défunt ou lorsqu'ils ont des attentes beaucoup trop élevées concernant la communication, comme ce fut le cas dans l'histoire de Louis.

Nous, les médiums, ne sommes que des intermédiaires. Nous sommes là pour transmettre les messages que les esprits veulent bien vous transmettre, nous ne pouvons répondre à leur place. Il y a parfois des questions qui restent malheureusement sans réponses. La réussite de la communication repose en grande partie sur l'évolution de l'esprit et de la sphère sur laquelle il est arrivé. Plus l'esprit évolue sur des plans de lumière, meilleure est la réception; plus l'esprit est dans un monde astral de basse vibration, plus la communication est confuse.

Quand la communication est claire, je transmets alors tout ce que je vois, j'entends et je ressens. Quand je ne vois pas physiquement l'esprit, je vais expliquer mes perceptions. Est-ce que je ressens une présence féminine ou bien masculine? Est-ce que je ressens une jeune personne ou une personne très âgée... et ainsi de suite. Après, je décris les émotions ressenties, joie, peine, douleur... J'essaie aussi de décrire la personnalité de l'esprit.

Ce sont les esprits qui dirigent la communication. Ils peuvent choisir de répondre ou non à nos questions. Lorsque nous transmettons leurs réponses, c'est ce qui se passe dans leur tête à eux, ce sont leurs idées. C'est aussi leur vécu qui est transmis. Et c'est à ce moment que plusieurs facteurs entrent en ligne de compte pour ce qui est de la nature des messages reçus et de la réussite d'une communication. Peudant une communication, il arrive que l'esprit ne puisse venir nous parler, alors c'est moi qui me dirige télépathiquement dans le plan où se trouve l'esprit afin d'informer le consultant sur l'évolution du défunt.

Souvenez-vous, je vous ai dit que communiquer avec un esprit n'est pas aussi simple que de décrocher un téléphone et de demander qui est à l'autre bout du fil! Les images ou messages reçus sont parfois codés ou symboliques. Il faut alors tenter de les interpréter en tenant compte de la vie du consultant ou de celle de l'esprit. Il arrive qu'une personne ne comprenne le message reçu que plusieurs heures et même plusieurs jours plus tard, mais l'important est d'avoir compris ce message.

LA PSYCHOMÉTRIE

Plus haut, je mentionne qu'il est possible pour moi de communiquer naturellement. Mais j'ai aussi recours à la psychométrie[1] pour faciliter la communication. La psychométrie, c'est la capacité de lire les vibrations dont les objets ont été chargés, car les objets contiennent une mémoire vibratoire. Je me sers donc pendant les communications d'objets ayant appartenu personnellement à la personne décédée. Les photos font aussi partie des objets employés en psychométrie. Travailler avec un objet ou

---

1. Voir les explications plus détaillées de la psychométrie dans le livre *Des esprits habitent nos maisons*, p. 73.

une photo, c'est comme avoir accès à un autre plan par une grande porte entrebâillée. Il suffit de la pousser pour pouvoir entrer complètement, alors je fais de même avec l'objet ou la photographie. Je la prends dans mes mains et je me concentre sur elle. Je laisse les images et les émotions m'envahir. Les esprits, quant à eux, lorsqu'ils voient des objets leur ayant appartenu ou des photos les représentant, retrouvent certains souvenirs liés à ceux-ci et cela permet une fois de plus de pénétrer l'esprit du défunt.

LES PREUVES

*« Il ne nous est pas permis
de faire de telles révélations. »*

Cette explication provient d'un guide de plus haut niveau, un guide dont la conscience est très claire et qui sait exactement ce qu'il dit. Si cela nous était permis, nous aurions depuis longtemps une preuve concrète du monde parallèle et nous pourrions répéter à volonté les communications avec un autre monde.

Mais lorsque nous communiquons avec des esprits en évolution, ces derniers s'efforcent souvent de nous donner des preuves, par peur que nous mettions fin à la séance si cette demande ne s'effectue pas. Ces preuves sont communiquées de toutes sortes de façons. Cela va de la description du caractère de la personne, au nom de son restaurant préféré, en passant par le prénom de gens vivants près du défunt, etc.

Dans l'histoire de Louis, ce que celui-ci pouvait transmettre comme information qui pouvait servir de preuve, c'était qu'il avait été conscient après son décès que quelqu'un avait fait une toile d'après sa photo, mais cette «preuve» ne suffisait pas à «Paul».

Je peux comprendre les attentes des consultants, mais pour une communication réussie il ne faut pas avoir de trop hautes attentes. L'esprit en est affecté, le médium aussi, et finalement tout le monde est perdant.

LES AILES D'UN ANGE

On dit souvent: «C'est lorsqu'on s'y attend le moins, qu'on est le plus surpris!» Et c'est ce qui est arrivé à une jeune femme un après-midi. Elle s'était présentée entourée d'une belle énergie, mais elle avait les yeux tristes. On s'assoit à ma table et elle me sort un petit portrait de famille, la montrant avec son mari et une fillette d'une dizaine d'années. Elle m'explique que son mari est mort subitement d'une crise cardiaque et que, bien sûr, elle et lui n'ont pas eu le temps de se dire adieu. La femme est encore bien fragile, elle cherche surtout à savoir si son défunt mari a trouvé la lumière et s'il est bien. Grâce à la photo, je suis immédiatement en contact avec l'esprit. Je transmets les messages et nous essayons de répondre de notre mieux aux questions posées. La jeune femme est satisfaite de ce qu'elle entend. Tout à coup, je me mets à rire, la femme me regarde, surprise. Je lui explique que c'est l'émotion de son mari que je capte, je lui dis alors ce que je vois: «Votre mari rit, il regarde dans son dos et vous dit qu'il n'a pas d'ailes qui lui poussent dans le dos et que, de toute façon, il n'en a pas besoin pour aller vous voir (elle et sa fille), qu'il peut y aller comme il veut seulement par la pensée.»

La femme éclate en sanglots, je la laisse se calmer quelques instants. Quand elle a pu me reparler, elle m'a raconté ceci: «Ce matin, j'ai expliqué à notre fille que je venais vous voir. Elle m'a dit de vous demander si son père avait des ailes comme les anges et, si grâce à cela, il pouvait venir nous voir...»

Certaines preuves peuvent être très claires, comme celle-ci, mais il ne faut pas négliger les plus petites, qui sont tout aussi valables car elle ne dépendent pas du médium, mais de la capacité de l'esprit à les transmettre.

N'utilisez pas une consultation en médiumnité pour avoir une preuve irréfutable que la vie après la mort existe. Profitez plutôt de cette expérience pour façonner vos croyances.

Suggestions de films:
Mon fantôme d'amour,
Au-delà de nos rêves,
Et si c'était vrai,
Le sixième sens,
Libellule.

Chapitre 6

Comment se préparer à une séance

Le premier objectif est de vouloir évoluer spirituellement à la suite de la séance. Prendre des nouvelles d'un défunt est louable et peut vous amener à cheminer mieux dans votre deuil. Présentez-vous à la séance avec un minimum d'attentes. C'est un mauvais départ que d'avoir un message trop précis pour le défunt. C'est un gaspillage d'énergie important. Ayez l'esprit ouvert, soyez réceptif à ce que l'esprit désire envoyer comme message, vous serez ainsi agréablement surpris et non pas en train de monopoliser les énergies en essayant d'obtenir une preuve concrète à vos yeux.

L'INVITATION

Lorsque vous vous préparez à venir à la séance, je vous suggère d'inviter l'esprit avec lequel vous désirez une communication, et ce, quelques jours à l'avance. Bien que le temps n'existe pas dans l'au-delà, l'esprit comprendra qu'il pourra, à un moment déterminé, établir une communication avec vous via un médium. Vous pouvez y inviter vos guides ainsi que votre ange gardien, ils pourront vous aider dans vos démarches auprès du médium.

UNE MAMAN IMPATIENTE

L'histoire qui suit nous démontre que parfois les esprits se présentent à moi avant leur temps. Une femme et sa sœur avaient réuni quelques amies, afin que je me déplace jusque chez elles pour y faire des consultations. Tôt le matin, je pars pour Drummondville. En route, je me rappelle un rêve fait pendant la nuit: je voyais constamment une dame de petite taille, les cheveux brun-gris et frisés, portant une robe imprimée, qui me regardait avec insistance mais qui ne me parlait pas. Cela avait perturbé ma nuit, car l'insistance dont faisait preuve la femme dans mes rêves m'éveillait sans cesse. Tout en pensant à elle, je regarde à quelle sortie je suis rendue: Sainte-Julie. Je jette un regard dans mon rétroviseur, soudain la dame qui avait hanté ma nuit venait de s'asseoir sur le siège derrière moi. Télépathiquement je lui souhaite la bienvenue, elle me sourit mais ne me parle toujours pas. En arrivant à Drummondville, je tourne sur la rue Principale, je roule jusqu'à l'adresse qu'on m'avait donnée, mais aucune maison ne correspond à cette adresse. Zut! Qu'est-ce que je vais bien pouvoir faire? Tout à coup, la femme, toujours assise derrière moi, me donne un autre numéro civique, qui ressemble à celui que j'avais noté, mais deux chiffres sont inversés — j'avais dû me tromper en inscrivant l'adresse. Comme je m'approche de la nouvelle adresse pour vérifier si l'information est bonne, une femme sort de la maison en me faisant de grands signes de la main. Elle et sa sœur m'attendaient, j'étais finalement à la bonne adresse, celle que l'esprit m'avait spécifiée.

Tout de go en entrant, je leur demande si elles ne connaissent pas une femme décédée ayant l'allure physique décrite plus haut. Étonnées, elles me répondent que oui, il s'agit de leur mère. Je leur dis alors: «Eh bien, elle était impatiente de vous voir, car elle est avec moi depuis cette nuit!» Je leur ai demandé si c'était normal qu'elle soit montée à bord de ma voiture à la sortie de Sainte-Julie, elle me répondent encore que oui, car leur mère avait prévu déménager dans cette ville avant son décès.

Cet esprit est donc venu au rendez-vous demandé et fortement espéré par ses deux filles, mais longtemps à l'avance. Parfois il y a un décalage, ce qui peut indiquer notre façon d'expliquer que le temps n'existe pas dans l'au-delà. De mémoire, en au moins deux autres occasions, un esprit s'est présenté en avance au rendez-vous demandé.

GRAND-PÈRE ET SA CANNE

Au cours d'une consultation à Québec, je suis en train de parler avec une femme de son avenir, quand soudain je vois à ma gauche l'image d'un vieil homme qui marche recourbé, avec une canne. J'explique ce que je vois à la femme, mais elle ne reconnaît pas celui que je lui décris. Je continue alors ma séance. De nouveau l'homme me fait sentir sa présence, cette fois en cognant sur la table avec sa canne (il n'y a que moi qui vois et entends le bruit). Je dis alors télépathiquement à l'esprit d'attendre un moment car la femme devant moi ne le connaît pas. Une fois la séance terminée, je remercie la femme et je m'installe pour le rendez-vous suivant. La dame arrive quelques minutes plus tard. On amorce la séance, en regardant les probabilités de son avenir, tout se déroule bien. Au milieu de la séance, le vieil homme revient et tape de nouveau sur la table avec sa canne. J'explique à ma cliente ce qui se passe. Elle se met à rire et me dit que c'est son grand-père, à qui elle a demandé, s'il était près d'elle, de se manifester pendant la séance. Justement, son grand-père se déplaçait à l'aide d'une canne et avait pour habitude d'en donner des coups un peu partout pour attirer l'attention. L'esprit de cet homme était arrivé une consultation trop tôt!

ESPRIT DE FEU

Tout dernièrement, encore pendant une consultation, la dernière de la soirée, un esprit entouré de feu se présente. Comme il n'a aucun lien avec la cliente présente, je pense que l'esprit s'est tout simplement présenté dans mon canal médiumnique parce que celui-ci était ouvert. En terminant la séance, j'éteins la chandelle et je ferme mon bureau derrière la femme. La nuit passe. Le lendemain j'ouvre mon bureau, mais en y entrant je sens la présence d'un esprit. J'allume la chandelle et fais une petite prière pour la journée qui débute. Ma première cliente se présente, elle veut entrer en contact avec sa mère, je me concentre sur la photo en face de moi et aussitôt la même personne que la veille se présente, toujours entourée de feu. Elle transmet immédiatement deux ou trois messages. Dans une pause de communication, j'essaie de comprendre pourquoi il y a ce feu autour d'elle. Comme les messages ont bien l'air de s'adresser à la femme assise devant moi, je lui dis ce que je vois sur mon écran mental. La femme m'explique alors qu'il s'agit bien de sa mère, parce que cette dernière a dans sa jeunesse été brûlée lors d'un incendie et qu'elle est restée deux ans dans le coma, ensuite elle est demeurée traumatisée par cet événement. Je dis alors à la femme que sa mère était présente à sa demande depuis la veille dans mon bureau.

Les esprits vous entendent lorsque vous les convoquez à une séance de communication. Certains esprits n'attendent que cela. Et les esprits aussi vous convoquent! Car je crois que certaines personnes atterrissent dans mon bureau parce qu'elles y sont dirigées par leurs défunts.

« Effectivement, c'est le cas, nous voulons trouver une manière de répondre à leurs questions grâce à vous. »

Gaétan

Il m'arrive très peu souvent d'écouter les nouvelles à la télé, mais dans certains cas, je me sens irrésistiblement attirée à des moments précis et pour des histoires bien précises. Il s'agit presque toujours de nouvelles traitant de mort violente ou de disparition, je sens alors la présence des esprits concernés près de moi. Dans ces cas-là, je fais une courte prière et je leur dis que, s'ils ont des messages à transmettre à leur monde, de faire en sorte qu'ils se présentent à mon bureau, ce qui arrive immanquablement et je m'en réjouis, car il est très délicat d'appeler les membres de la famille éprouvée sans connaître leurs croyances vis-à-vis de l'au-delà.

LA MÉMOIRE DES ESPRITS ET LEUR CONNAISSANCE DE L'AVENIR

Il faut maintenant savoir deux choses bien importantes. La première est que la mémoire des esprits est bien sélective et qu'elle revient graduellement, au fur et à mesure que l'esprit chemine vers la lumière, c'est-à-dire dans sa conscience. Cela peut prendre du temps avant que celle-ci ne soit présente à cent pour cent.

Alors il arrive que certains esprits ne peuvent répondre à des questions aussi banales que donner leur nom, car selon où ils sont rendus dans leur mémoire, ils pourraient vous donner plusieurs noms, s'ils ont eu plusieurs vies. La même chose pour leur âge. Premièrement, comme le temps n'existe plus de l'autre côté, toute question relative au temps est chose inconnue pour l'esprit. Deuxièmement, bien souvent l'esprit va prendre la forme et l'âge du moment de sa vie où il était le mieux, alors si vous lui demandez son âge et que la réponse n'est pas celle que vous attendiez, vous pourriez vous fermer et couper toute chance de communication. Même raconter les circonstances de leur décès est difficile pour eux, car s'ils n'en n'ont pas eu conscience ou s'ils ne sont pas rendus à cette étape, ils ne nous donneront aucune réponse. Ou encore, ils pourraient désirer oublier cet événement et ne pas vouloir revenir là-dessus. Par ailleurs, ce qui semble important pour vous ne l'est peut-être pas pour l'esprit en communication. Prenons l'exemple que je vois le plus fréquemment dans mon bureau. Les gens posent cette question: «Comment l'esprit m'appelait-il quand j'étais petit?» Si l'esprit n'a conservé qu'un souvenir banal de votre enfance en lien avec lui, il est possible qu'il ne se souvienne plus de ce surnom. Souvenez-vous, nous transmettons ce que l'esprit est capable de nous envoyer. Tout reste dans le cadre des perceptions.

La deuxième chose à savoir, c'est que les esprits ne connaissent pratiquement rien de votre avenir. Ils peuvent connaître certains épisodes précis, mais pas tout ce qui va vous arriver au cours de votre vie. Imaginez un instant un père de huit enfants, qui est aussi grand-père de seize petits-enfants; s'il fallait qu'il connaisse l'avenir de tous, il n'aurait plus le temps de faire son évolution personnelle!

Parfois, certaines questions restent sans réponses et, si tel est le cas, c'est que cela doit être ainsi.

> « *Il faut respecter notre monde et ses limites,*
> *sinon il y en a qui exagèrent et cela ne résulte*
> *jamais en rien de bien.* »
>
> Gaétan

Il arrive que les esprits nous envoient des messages, comme dans un rêve prémonitoire. Mais tout comme les rêves prémonitoires, nous ne savons pas toujours qu'ils sont prémonitoires. L'histoire qui suit a été un événement annoncé par un esprit au cours d'une communication médiumnique. Au moment où j'ai transmis la vision, personne ne savait que cela allait devenir un événement du futur.

L'HISTOIRE DE TIM

La séance que je suis en train de faire se passe bien. Une dame reçoit des messages de son beau-frère décédé depuis peu de temps. Je transmets les phrases et explique les images de mon écran mental. Parmi les images, je vois un garçon de seize ou dix-sept ans, qui circule à bicyclette sur un chemin de campagne. Je décris la scène parfaitement, car pour moi les images sont très claires. Les émotions se mêlent aux images et je sens du danger, je dis alors à la femme que ce garçon doit faire attention car une voiture peut venir derrière lui et un accident peut survenir. Je lui demande si elle croit que cela peut être un souvenir du beau-frère de son vivant, ou si cet événement s'est produit après son décès. La jeune femme ne croit pas que ce soit arrivé pendant qu'il était vivant, mais elle me dit que son beau-frère a un garçon de cet âge et qu'elle espère qu'il ne lui arrivera rien. L'image revient encore une fois, et les émotions aussi. Le beau-frère, lui, ne dit rien, il envoie seulement de façon télépathique ces images, afin qu'elles soient connues de la femme assise en face de moi.

Quatre mois s'écoulent après la visite de cette femme à mon bureau, quand celle-ci prend de nouveau rendez-vous, mais cette fois elle me demande de venir chez elle. Sur place je rencontre les gens, tous sont souriants et anxieux de connaître leur avenir, mais un couple reste à l'écart, les yeux tristes. Je rencontre tout d'abord celle qui m'a fixé rendez-vous. Elle me demande si je me souviens de son beau-frère et de l'histoire de la bicyclette. Bien que je ne me souvienne pas de toutes les histoires vécues en communication, certaines plus que d'autres retiennent mon attention. Elle m'annonce alors que l'accident que son beau-frère avait envoyé par télépathie s'est malheureusement bel et bien passé, de la même façon que les images étaient apparues sur mon écran mental. Il concernait Tim, seize ans, le garçon du conjoint de son ex-femme. Tim roulait sur un chemin de campagne avec des amis, dans le même sens que les véhicules. Sans que l'on sache pourquoi, le garçon a voulu changer de voie et s'est fait percuter par l'arrière. Il est mort sur le coup. J'ai compris alors que c'étaient les parents du jeune homme qui étaient tristes et à l'écart, là-haut, dans la cuisine. Heureusement, lors de la consultation de la belle-mère du garçon, nous avons pu aider cette nouvelle âme à comprendre son état et à entrer dans la lumière.

Au moment de la première séance, quelques mois plus tôt, il était impossible de savoir que cela allait être un événement du futur, car le beau-frère ne sachant pas différencier le moment présent de l'avenir ou du passé, il aurait aussi bien pu voir se passer un événement du genre de son vivant et vouloir nous dire qu'il était avec ce garçon aujourd'hui. Maintenant, je crois qu'au contraire cette histoire s'est passée de cette façon car elle voulait dire que lorsque l'événement se produirait, le beau-frère décédé serait là pour accueillir le garçon et il allait avoir besoin de moi pour l'aider, ainsi que ses parents, à comprendre...

Suggestion de film:
Mon fantôme d'amour.

Chapitre 7

Les questions que l'on demande aux esprits

Si vous avez des questions précises à demander aux esprits, notez-les sur une feuille que vous apporterez avec vous. Peut-être n'aurez-vous pas des réponses à toutes, mais à tout le moins des guides vous expliqueront pourquoi.

Qu'est-ce qu'on peut bien demander aux esprits? On peut leur demander des nouvelles d'eux: s'ils sont bien, ce qu'ils font maintenant de l'autre côté, où ils en sont dans leur évolution spirituelle... Si les esprits sont dans une belle évolution, la communication sera utile pour répondre à certaines questions. Mais si les esprits ont des difficultés à cheminer, ce sera une bonne occasion de les aider à comprendre leur nouvelle vie et de les aider à se diriger vers la lumière. On devrait d'abord s'enquérir d'eux avant de demander des choses sur notre vie personnelle. Une séance peut servir à demander pardon à un être cher, à lui dire les derniers mots que l'on aurait voulu lui dire avant son départ et surtout à régler de vieux conflits. Aucune question n'est mauvaise ni farfelue, si cela peut vous aider à cheminer dans votre vie, posez-la!

Apprenez à décoder les réponses que l'esprit vous donne. Parfois, vous obtiendrez une réponse claire et des explications claires, mais il arrive aussi que l'esprit cherche à se faire comprendre en ne donnant qu'un aperçu de la réponse. Dans les réponses reçues, vous reconnaîtrez l'esprit qui communique, par sa façon de parler, par les expressions qu'il emploie ou par ses agissements. Un frère et une sœur étaient venus en communication afin de savoir si leur sœur et leur beau-frère, décédés dans un terrible accident, avaient cheminé dans la lumière. La femme disait qu'elle était maintenant dans la lumière et donnait des réponses assez justes aux questions posées, tandis que le beau-frère passait son temps à frotter son auto, à frotter son auto et à encore frotter son auto. Il était clair que ce dernier n'avait pas cheminé beaucoup depuis son arrivée dans l'au-delà. Ces gens par contre obtenaient une double réponse, ils essayaient depuis plusieurs jours de vendre la voiture que le beau-frère aimait tant, mais la pancarte « à vendre » tombait toujours du véhicule sans raison. Décoder les réponses des esprits, c'est comme interpréter un rêve que l'on fait.

Il faut partir d'un élément important et suivre la piste. Si un esprit vous montre un objet, il faut partir de celui-ci. Si l'esprit vous donne un nom, on doit voir quel est le lien et quelles sont les émotions liées à ce dernier.

LES DEMANDES QUE L'ON ADRESSE AUX ESPRITS

Elles peuvent concerner votre vie personnelle ou celle d'un proche, afin d'obtenir de l'aide ou de la compréhension. Les esprits ne peuvent guérir et ne peuvent enlever de la souffrance, mais ils peuvent vous aider à comprendre pourquoi cela arrive et ils peuvent vous donner l'énergie nécessaire pour passer au travers de la maladie. Les esprits ne peuvent vous donner du travail ou vous faire apparaître de l'argent, ils peuvent vous orienter vers un travail plus adéquat à votre situation de vie immédiate, ils peuvent aussi vous donner l'énergie nécessaire pour vous lever chaque matin afin d'aller travailler. Les esprits ne peuvent faire les choses à votre place, la phrase *aide-toi, le Ciel t'aidera* s'applique tellement bien ici!

Il faut aussi apprendre à mieux formuler vos demandes. Lorsque vous demandez à un esprit de mettre sur votre route une nouvelle femme ou un nouvel amoureux, l'esprit en question ne peut le faire de cette manière. Par contre, si vous lui demandez de vous mettre sur la route de la personne qu'il vous faut en ce moment présent, cela sera plus facile pour l'esprit. Celui-ci vous connaît et vous le connaissez, il pourra alors influencer votre pensée et vos gestes dans la bonne direction. Il vous fera remarquer telle ou telle personne, il vous enverra assez d'énergie pour que vous puissiez faire les premiers pas.

De plus, demandez l'aide des esprits adéquats. Si vous désirez passer une entrevue concernant le travail et que vous voulez faire bonne impression, arriver à l'heure et être prêt à répondre aux questions, demandez l'aide d'un esprit ayant eu ces facultés. Si vous demandez à votre frère décédé de vous aider et que ce frère dans sa vie terrestre était paresseux et ne se souciait pas de son image, cela ne vous aidera pas vraiment, vous feriez mieux de demander plutôt à votre guide du travail de vous aider!

On en demande beaucoup aux esprits, mais il faut aussi savoir retourner l'énergie à ces esprits. Comment? En faisant régulièrement des prières et en pensant à partager avec eux des moments de joie. Lorsque vous décrochez un nouvel emploi, votre aura est remplie de fierté et de plaisir; ayez alors une pensée pour un défunt, une partie de l'énergie vous entourant sera dirigée vers cet esprit et l'aidera. Lorsque vous célébrez un événement quelconque, n'hésitez pas à y inviter les esprits, ils seront heureux de se joindre à vous et de partager tout l'amour qui règnera à la fête.

LES SIGNES QUE NOS DÉFUNTS NOUS ENVOIENT

Nous sommes tous curieux, nous aimerions bien pouvoir voir clairement les signes que nos défunts nous envoient et comprendre pourquoi ils nous les envoient. Je commencerai par vous suggérer d'ouvrir tout grand les yeux et les oreilles autour de vous, ensuite je vous demanderai d'avoir une plus grande confiance en vous-même et en vos intuitions. Les esprits, dès qu'ils auront trouvé une façon de communiquer avec vous, utiliseront le plus souvent possible cette façon. Pour un esprit, venir dans notre monde physique afin d'y créer un signe est très demandant en énergie. Alors, il ne se mettra pas à en faire mille, mais seulement quelques-uns. S'il se trouve que vous comprenez qu'un tel signe vient de lui, il cessera d'en chercher d'autres pour se concentrer sur celui-ci et le répéter chaque fois qu'il voudra attirer votre attention.

Parfois les signes ne veulent dire que bonjour je suis là ou encore je suis avec toi et je pense à toi. Sans plus. Ou bien ils cherchent à répondre à vos interrogations et à vous rassurer sur le sort de l'esprit en question.

Les esprits vont souvent utiliser la télépathie pour vous répondre ou pour vous parler. Cela se passe à l'intérieur de vous-même. Soudain, une pensée concernant une personne disparue vous vient tout bonnement, comme ça, à l'esprit. Apprenez à l'arrêter et à demander à la personne: «Que veux-tu me dire?» Nous le faisons tous avec des personnes vivantes, alors pourquoi cela ne serait-il pas possible avec une personne décédée? Lorsque nous pensons à quelqu'un dont nous n'avons pas eu de nouvelles depuis longtemps, nous ne sommes pas surpris de l'entendre au téléphone ou de le croiser dans la rue à la suite de cette télépathie. C'est exactement la même chose avec un esprit.

Les esprits auront toujours plus de facilité à vous joindre dans vos rêves, parce que cela se passe sur leur plan. Encore une fois, ce n'est pas aussi facile que ça en a l'air que de communiquer par les rêves. Plusieurs essaient, mais n'y arrivent pas toujours. Il y a des raisons à cela. Tout d'abord, la disponibilité de l'esprit lui-même. Si l'esprit est dans un des centres d'énergie, il est fort possible qu'il «dorme» pour reprendre des forces, alors il devient inaccessible pour une communication, ce seront ses guides ou les vôtres qui vous répondront. Ensuite, dépendamment de ce qu'ils font de l'autre côté, s'ils sont en mission ou s'ils sont en changement d'étapes, ce sera plus difficile pour eux de venir vous retrouver, mais ils feront tout en leur possible pour venir vous le dire ou vous le faire savoir. Lorsque vous faites un rêve où l'esprit vous parle par téléphone, vous êtes réellement en communication avec lui, mais il ne peut pour des raisons précises être sur le même plan où vous êtes en train de rêver. Par exemple, la plupart d'entre nous allons sur le plan astral pour rêver. Mais si à ce moment vous désirez communiquer avec un esprit qui est en changement d'étape sur un des plans de lumière, il ne pourra redescendre sur le plan où vous êtes. Pour établir une communication à distance, il utilisera alors ce que votre subconscient peut comprendre, c'est-à-dire le téléphone! Mais lorsque vous réussissez à rêver à eux, sachez que vous les rencontrez réellement et que ce n'est pas votre imagination, surtout lorsque ce rêve est accompagné d'émotions.

Et justement, ceci est la deuxième raison principale de l'échec d'une communication par rêve: les émotions. Lorsque vous faites un rêve concernant une personne décédée, votre corps émotif doit être le plus équilibré possible. Si vous avez encore beaucoup de peine concernant la personne décédée, vous devrez attendre que ce corps se calme avant de prendre contact avec un défunt de cette façon. De même, si vous prenez des médicaments pour contrôler vos émotions, ceux-ci vous empêcheront de vous souvenir de vos rêves.

Terminez votre prescription adéquatement avant de formuler une demande dans vos rêves.

Une autre des raisons qui empêche cette façon de communiquer entre vous et l'esprit décédé est l'évolution spirituelle de l'esprit et votre évolution terrestre à vous. Si un esprit a de la difficulté à accepter sa mort et à cheminer dans l'au-delà, il ne pourra venir vous rencontrer. Pourquoi? Parce que l'esprit pourrait choisir de rester sur le plan des rêves et attendre que vous vous endormiez afin de rester avec vous au lieu de cheminer dans sa nouvelle vie. Et le contraire devient vrai. Imaginez que votre père vous manque et que chaque soir en vous couchant vous réussissiez à communiquer avec lui; rendu au matin, il est possible que vous ne vouliez plus vous lever pour faire votre journée, préférant rester près de lui et continuer de rêver.

> «On ne permet les communications que pour faire évoluer un esprit ou une âme terrestre.»
> *Réjean*

Les esprits se servent aussi de l'eau et de l'électricité pour communiquer. Partout où il y a de l'eau, l'esprit pourra utiliser cet outil pour vous transmettre un message: par l'ouverture d'un robinet, par le bruit dans les tuyaux, lorsque vous prenez un bain ou lorsque vos mains trempent dans l'eau de vaisselle. Vous pouvez entendre un bruit ou tout simplement ressentir dans votre aura la présence d'une autre personne, en l'occurrence un esprit! Regardez vos lumières, si elles baissent ou si elles clignotent, cela peut-être un signe qu'un esprit vous envoie. Remarquez si toute l'énergie électrique baisse dans une pièce, car cela peut-être causé par une panne du service électrique.

Les esprits peuvent vous influencer par la pensée, en vous demandant de soudain prêter attention à la chanson qui joue ou à l'émission de télé qui est présentée. Ils pourraient influencer vos gestes, en vous disant de regarder tel ou tel panneau publicitaire ou routier. De prêter attention à l'heure sur votre horloge numérique ou sur votre ordinateur, lorsque les chiffres se répètent ou font une suite, par exemple «11:11» ou «12:34». Au moment où vous recevez le signe, demandez-vous à qui et à quoi vous pensiez. Vous pourriez avoir une belle surprise.

L'esprit peut utiliser un symbole très précis. Une fleur, un papillon, un oiseau rare... ou une libellule, comme dans le film du même nom. La persévérance du mari face à ce signe récurrent lui a permis d'aller au-devant d'une belle surprise. Ne doutez pas des signes que vous recevez. Bien sûr, quelquefois, on peut se tromper et se mettre à en voir partout… à qui cela peut-il causer du tort ? À personne.

Pour apprendre différentes techniques de communication, je sous suggère de lire mon premier livre, *Les morts nous donnent signe de vie*. Vous pourrez faire par vous-même différents exercices afin d'entrer personnellement en contact avec vos êtres chers disparus.

Chapitre 8

Les suicidés

Tel que mentionné dans l'introduction de ce livre, je me dois de réviser et de peaufiner ce que j'ai écrit précédemment dans mon premier livre au sujet du suicide. Le suicide est une action que nous prenons pour mettre fin à notre mission terrestre avant même son résultat final. C'est comme un contrat que nous ne respectons pas. J'aurais pu écrire un livre entier uniquement sur ce sujet, car nous avons encore beaucoup de choses à apprendre de cette expérience...

«*Effectivement...*»

Je vais donc partager avec vous les connaissances acquises au cours de mes diverses communications médiumniques et je vous expliquerai pourquoi il est important de faire un changement dans nos croyances. Car, malheureusement, le suicide est encore un sujet tabou et incompréhensible, ce qui n'aide en rien l'évolution des esprits décédés de cette façon.

Il est déjà difficile de perdre quelqu'un de façon naturelle et de le voir traverser de l'autre côté. Nos émotions s'en trouvent toutes bouleversées. Mais perdre un être cher par un acte tel que le suicide, cela nous dérange davantage, toutes nos émotions y passent et, par la suite, celles qui restent le plus longtemps en nous sont l'incompréhension, la colère et la honte. À cela, nous rajoutons bien souvent la culpabilité, celle de ne pas être arrivé à temps ou celle de ne pas avoir compris les signes avant-coureurs.

Lorsque nous avons planifié notre vie terrestre, nous avons été aidés par notre ange gardien, nous avons décidé de vivre telle ou telle épreuve, car n'oublions pas que c'est grâce à elles que nous évoluons. Notre ange gardien nous aura demandé si nous nous croyions assez forts et connaissants pour vivre ces expériences, toutes dans la même vie. Si nous le croyions, notre planification aura ainsi été faite. À notre arrivée terrestre, nous avons commencé à vivre cette vie et à traverser les différentes épreuves. Mais voilà qu'en cours de route nous avons faibli et décidé d'abandonner, et la seule solution que nous croyions possible fut de mettre fin à cette vie difficile. Il aura été écrit dans notre parcours de vie que cette possibilité fût envisagée, alors que d'autres ne l'auront jamais. Bien entendu, l'idée de mettre fin à nos jours nous a tous, un jour ou l'autre, effleuré l'esprit. Nous ne sommes pas pour autant des personnes suicidaires.

LES RAISONS

Qu'est-ce qui pousse les âmes à mettre fin à leurs jours ? Jusqu'à aujourd'hui, j'ai dénombré trois grandes raisons pour lesquelles les âmes se suicident: le mal de vivre, une épreuve jugée insurmontable et finalement l'influence d'un autre esprit...

Le mal de vivre. Nous pouvons l'avoir dès notre naissance, nous le traînons dans notre aura, dans notre esprit, dans notre âme. Ce mal peut provenir d'une vie passée, comme il peut être le résultat de ce que notre âme sait qu'il adviendra de notre cheminement terrestre. L'accumulation de souffrance intérieure conduit l'âme à prendre cette décision. Lorsque nous avons choisi notre destinée, nous nous sommes crus capables de passer au travers de ces événements, mais en mettant le pied dans le monde physique, toute la réalité de ces décisions nous est apparue. Dès lors, les pensées négatives nous ont assiégés. Nous les traînons durant toute notre vie, épreuve après épreuve, jusqu'au moment où nous voudrons changer notre vision, ou que nous échouions notre mission et que nous mettions fin à nos jours... Nous possédons tous notre libre arbitre et nous seuls pouvons choisir les chemins pour accomplir notre mission terrestre. Une âme peut avoir établi son plan longtemps à l'avance, elle peut même avoir fait quelques tentatives avant celle qui la conduira dans l'au-delà. De cette personne nous disons souvent: je m'en doutais, elle était tellement malheureuse...

Une épreuve jugée insurmontable. Toute sa vie durant, l'âme a fait preuve de patience et de tolérance face aux événements. Elle semble heureuse, dégourdie, elle mord dans la vie... Mais voilà qu'un beau jour une épreuve trop grande, trop lourde pour elle, la mène à poser un geste irréversible: se suicider. La douleur que ressent cette personne est indescriptible aux yeux des autres. La perte d'un amour, la perte d'un emploi, la faillite financière... autant de raisons valables à ses yeux pour se suicider. Habituellement, la personne ne prend pas longtemps pour penser à son geste et passer à l'action, cela se fait très rapidement après avoir subi l'épreuve déclencheur. De cette personne, nous disons souvent: on ne s'y attendait pas, elle semblait tellement bien...

L'influence d'un esprit. Nous pouvons tous être influencés par des esprits, c'est à nous de les laisser nous dominer ou bien de nous en protéger. Je dois dire tout d'abord que, pour que l'influence d'un esprit vous pousse au suicide, il faut que vous ayez une prédisposition. Si vous n'avez pas cette prédisposition, l'esprit ne pourra jamais vous faire commettre un tel geste. Les esprits qui peuplent le bas astral sont ignorants et sont souvent bien seuls, alors ils veulent entraîner des âmes dans leur monde afin d'éloigner cette solitude. C'est pourquoi nous disons qu'ils sont ignorants, car l'âme qui passera à l'action et se suicidera n'ira pas rejoindre ces esprits... elle ira dans son monde de croyance à elle. L'esprit moqueur qui tente d'influencer une âme à passer à l'action ne le fera pas subitement, il attendra patiemment le bon moment pour faire subir son influence, il le fera jour après jour. L'ange gardien de cette âme, lui, essaiera de contrecarrer son influence, mais encore ici, nous avons affaire à notre libre arbitre. Pour illustrer ces informations, imaginons une personne avec un petit démon assis sur son épaule gauche et un petit ange assis sur son épaule droite. Le démon souffle à l'oreille de la personne de sauter en bas de la falaise, tandis que le petit ange souffle à l'oreille que quelqu'un l'aime et l'attend à la maison... Seule la personne peut choisir l'action qu'elle fera, le petit démon ne la poussera pas physiquement en bas de la falaise... c'est simplement son influence qui le fera.

« L'influence du bien et du mal est comme sur votre plan physique, c'est à vous de choisir lequel gagnera... »

Les personnes qui ont un mal de vivre seront plus influençables que celles qui feront le geste sur une impulsion malheureuse. Et je dois ajouter, toujours selon mes croyances, que le suicide n'est pas génétique. Un enfant ne reproduira cet acte que parce qu'il l'aura eu en exemple, comme n'importe quel comportement que nous enseignons à nos enfants. Nous pouvons leur enseigner de nous relever après un échec ou de mettre fin à nos jours parce que nous n'avons trouvé aucune autre solution.

L'ARRIVÉE DES SUICIDÉS DANS L'AU-DELÀ

Leur arrivée se fait comme cela se fera pour chacun de nous, en fait au tout début: c'est-à-dire qu'ils arriveront dans l'univers de leurs croyances. S'ils croient qu'en faisant ce geste ils arriveront au paradis et que tout y sera plus beau et moins souffrant, ils arriveront par cette porte. Si au contraire ils croient qu'ils arriveront en enfer pour avoir commis ce geste, c'est cette porte qui s'ouvrira à eux. Finalement, ceux qui croient que rien ne vient après la mort resteront dans le néant jusqu'à ce qu'ils s'aperçoivent qu'ils peuvent penser et qu'ils réalisent qu'ils existent encore.

Ces mondes de croyances, pour les suicidés, sont protégés, tout comme le plan de la garderie des enfants. Ils y sont protégés jusqu'à ce qu'ils aient pris une décision, afin de ne pas être influencés ni par le plan physique ni par les plans supérieurs.

PRISE DE CONSCIENCE

Une fois qu'ils auront découvert leur nouvel état, les esprits devront voir pourquoi et comment ils en sont arrivés là. Ils verront le geste qu'ils viennent de commettre et sauront du même coup les solutions qu'ils auraient pu envisager. Une fois qu'ils connaîtront ces solutions, les nouveaux esprits s'attarderont aux conséquences que leur geste aura entraînées.

De ces conséquences, l'esprit comprendra qu'il aura mis fin, par lui-même, à son contrat de vie et qu'il devra le recommencer ultérieurement dans une autre incarnation. Bien sûr, l'esprit devra recommencer ce qu'il n'aura pas compris dans cette vie terrestre. Les épreuves qu'il aura surmontées et comprises, il pourra les éviter dans sa prochaine vie, mais celles non surmontées et non comprises, il devra les recommencer au complet.

Ce qui devrait être assez, selon moi, pour décourager ceux qui songent à se suicider... Fort heureusement, ce fut le cas pour Nathalie, qui après avoir lu le passage sur les personnes qui se suicident dans mon premier livre, a mis fin à ses idées noires. À la seule pensée qu'elle aurait à recommencer toute sa vie, elle a choisi de consulter une psychologue pour l'aider à passer à travers ses difficultés. Bravo!

L'esprit verra ensuite toute la douleur que ce geste aura créée à ses proches, et plus précisément à la personne qui aura découvert son corps physique et compris quel geste la personne venait de commettre. De là, naîtra pour l'esprit le sentiment de culpabilité. Cette culpabilité amènera l'esprit à prendre une décision très importante: se pardonner ou non. Si l'esprit arrive à se pardonner, il pourra monter dans la lumière comme n'importe quelle âme qui serait décédée naturellement et pourra poursuivre un cheminement spécifique. Il pourra voir à un moment opportun ceux qu'il aura connus et qui sont déjà dans la lumière de l'au-delà, afin de l'aider à continuer d'évoluer. Comme il restera un esprit fragile et vulnérable, cela pourra prendre un certain temps avant que ces retrouvailles ne se fassent. Bien que le cheminement d'un esprit ayant mis fin à son contrat ressemble à celui d'un être décédé naturellement, il y a quelques petites différences. La logique veut que nous ayons une récompense seulement après avoir accompli une bonne action, et les suicidés ne font pas exception.

Si l'esprit n'arrive pas à se pardonner, il ira dans ce que l'on nomme le bas astral et il s'apitoiera sur lui-même. Le temps n'existant pas de l'autre côté, il pourra y rester pendant des jours, des semaines, des mois, voire des années. Pendant ce temps, il verra ce que son absence aura créé dans le monde physique: une mère triste, un père en colère, des enfants malheureux, etc. Certains esprits iront parfois voir ces personnes pour leur dire de ne pas pleurer, leur apprendre que cela leur est insupportable car cela leur rappelle leur propre culpabilité. Quand ils ne veulent plus voir cette réalité, ils s'enferment dans leur monde qui devient de plus en plus sombre et de plus en plus froid. Ils croient que ce n'est que ce qu'ils méritent. D'où le début du chapitre, où je dis qu'il faut tenter de modifier nos croyances, pour nous et pour eux. Attention, je ne dis pas: «Suicidez-vous et recommencez, vous pourrez allez impunément dans la lumière...» Je dis seulement que Dieu ne condamne pas, que c'est nous qui condamnons et jugeons la personne qui a fait le geste. Que savons-nous réellement de la souffrance que la personne a subie à l'intérieur d'elle-même? Comment pouvons-nous dire qu'il ou elle aurait pu faire tel ou tel geste?

Bien sûr, je crois comme plusieurs que ce geste est égoïste, que la personne qui vient de partir n'a pensé qu'à elle et non à la douleur et à tout le travail que cela nous impose à nous, ici, sur le plan terrestre. Mais je crois encore plus fortement que cet esprit a besoin de notre pardon et de notre amour, plus que tout autre esprit qui traverse naturellement dans un autre monde. La compréhension d'un tel geste est difficile pour nous qui restons, pour nous qui sommes forts et qui surmontons malgré nos souffrances et nos épreuves.

*« À ceux qui sont incapables de comprendre,
nous demandons simplement d'accepter un tel choix.
Vous pourrez comprendre à votre arrivée dans
l'au-delà les raisons qui nous ont poussés
à faire ce geste. »*

Leur évolution dans le monde astral se fait selon leur choix. J'en ai vu vivre leur vie à travers des êtres physiques parce qu'ils avaient arrêté la leur. Ils vivent les émotions d'un être physique, l'influencent, lui prennent de l'énergie. Jusqu'à ce que cet être physique s'aperçoive du manège et se départe de l'esprit. Le but de ceci est d'essayer de se racheter de leur erreur, mais il est faux de penser que nous puissions vivre une émotion à travers un être physique et que cela puisse compter comme une épreuve accomplie; il est trop tard et l'esprit gaspille ainsi du temps d'évolution.

Les esprits qui décident de stagner volontairement dans le bas astral vont chercher à influencer d'autres esprits à rester avec eux plutôt que de suivre la lumière. Ils veulent rester ensemble et refusent d'évoluer. Ils passent leur temps à faire de mauvais plans et à jouer de mauvais tours afin de semer la zizanie un peu partout. Cela les fait sourire et leur redonne assez d'énergie pour continuer ainsi.

Plusieurs personnes me demandent: «Oui, mais leur ange gardien ne peut-il pas les aider?» À cela, je réponds que, justement, leur ange gardien attend patiemment que leur perception se modifie et qu'ainsi les esprits puissent voir un peu de lumière et puissent suivre leur ange dans un autre plan. Une telle volonté n'appartient qu'à l'esprit. Avez-vous déjà essayé de faire changer d'idée une personne qu'on dit «tête dure»? C'est sensiblement la même chose dans l'au-delà, qui plus est, dans un monde tel que le bas astral, là où l'influence négative est plus importante que partout ailleurs.

LA DÉLIVRANCE

La croyance voulant que lorsqu'elle se suicide, une âme va droit en enfer a été tellement répandue que nous voyons encore beaucoup d'esprits pris dans le monde du bas astral. Mais il y en a de plus en plus qui voient la lumière grâce aux prières et à l'amour des gens restés ici sur le plan terrestre. À l'ouverture dont font preuve certains êtres. La communication médiumnique aide énormément ces esprits à comprendre leur état et à en accepter la cause. Laissez-moi vous raconter les deux expériences suivantes...

LE PENDU

Par une froide journée d'hiver, j'étais en consultation chez une charmante dame, Nicole. Je devais rencontrer plusieurs personnes pour la communication avec le monde invisible, alors nous avions formé deux groupes. La salle où j'étais installée était chaleureuse et accueillante, en temps normal elle servait de bureau pour la massothérapie. Les énergies étaient propices à la spiritualité, alors les messages et les consultations se déroulaient sur ces plans. Au début de ma troisième consultation, j'aperçois dans mon champ de vision, à ma droite, un esprit. Il est à l'extérieur de la maison dans la fenêtre du sous-sol, il me fait des signes de la main pour attirer mon attention. Comme il ne s'agit pas d'un esprit pour la personne présente, je lui dis mentalement d'attendre plus tard, que je lui reviendrai.

Lorsque la consultation se termine et que la dame quitte le bureau, je tourne mon regard vers la fenêtre, l'esprit est toujours là, à l'extérieur. Il se présente à moi comme un jeune adulte de sexe masculin, il semble bien mais perdu, confus. Il cherche à me faire comprendre quelque chose, par télépathie il me fait voir la rue sur laquelle nous sommes, et m'en montre le bout. Comme la maison de Nicole fait le coin de la rue, je commence à me demander si cet esprit n'est pas décédé dans un accident, à cette intersection. Je demande à l'esprit pourquoi il reste à l'extérieur comme ça au lieu de se présenter dans la pièce dans laquelle je me trouve. Il me montre alors Nicole faisant une protection autour de sa maison, n'invitant que les esprits devant transmettre des messages pour la journée à être présents, empêchant ainsi les autres de pénétrer dans son bureau. En me concentrant davantage sur l'esprit j'ai une vision un peu floue, je vois ce jeune homme avec une corde autour du cou. Mais comme l'image n'est pas claire et que l'esprit semble à bout d'énergie pour se faire comprendre, je lui dis que je tenterai de le comprendre plus tard.

Ma journée finie, je m'assois dans la cuisine de Nicole pour discuter avec elle. Je lui fais part de ma vision d'un esprit extérieur qui ne pouvait entrer à l'intérieur. Elle me répond qu'effectivement elle a fait une protection autour de sa maison pour empêcher toutes sortes de mauvais esprits de venir troubler nos séances. Je lui demande alors si elle est au courant qu'un accident s'est peut-être produit sur le coin de sa rue et qu'un jeune homme en fût possiblement mort. Elle me répond qu'elle n'habite dans ce secteur que depuis quatre ans, que c'est un nouveau développement, qu'elle a été la seule propriétaire de cette maison et qu'elle n'a jamais eu connaissance d'un tel drame. En terminant, je lui mentionne que je crois avoir vu une corde autour du cou du jeune homme. À ça, elle me répond qu'il est possible que cela se soit passé dans un parc un peu plus loin derrière sa maison. Comme je dois revenir la semaine suivante pour le restant du groupe, Nicole me propose de s'informer auprès de ses voisins à propos de cette vision.

La semaine passe et la veille de notre rendez-vous j'appelle Nicole pour confirmer la rencontre. Elle me répond toute énervée qu'après notre entretien à propos de l'esprit perdu, elle en a parlé à une de ses amies qui est factrice, car elle aurait pu être au courant d'une telle histoire. Après quelques recherches, cette amie lui est revenue avec la vraie histoire. Dans la rue qu'habite Nicole, un jeune homme de vingt-cinq ans s'est bel et bien pendu. Il n'habitait qu'à quelques maisons de la sienne, il ne pouvait donc s'agir que de lui. Le décès remontait à quelques années.

Le lendemain, en me rendant chez Nicole, j'avais une pensée pour ce jeune homme, j'étais triste. Arrivée à la rue de Nicole, je regarde vers la droite où se situait la maison de ce jeune homme, et encore une fois j'ai une pensée pour cet esprit. Je tourne à gauche et roule tranquillement jusqu'à la maison de Nicole, soudain l'esprit du jeune homme apparaît dans mon rétroviseur, il venait de s'installer dans ma voiture ! J'entre automatiquement en contact télépathique avec lui, il me fait comprendre sa peine et sa confusion, tout se passe très vite. Je lui explique alors qu'il peut se pardonner, que ce n'est pas parce qu'il a fait un tel geste qu'il n'a pas le droit d'entrer dans la lumière. Au même instant, le jeune homme me fait un grand sourire, son aura est devenue toute lumineuse, je lui souris à mon tour et je le sens «monter» vers la lumière. Par la suite, je mets quelques minutes pour reprendre mes esprits et revenir dans notre monde terrestre pour raconter le tout à Nicole, qui m'attendait sur son perron.

L'esprit de cet homme était prisonnier de ses croyances, mais il cherchait un moyen de s'en échapper. Comme son esprit était plus près de notre plan physique que d'un plan de lumière, il comprenait mieux notre monde. Il lui suffisait de trouver quelqu'un qui le comprendrait et serait capable de le canaliser pour l'aider à s'élever vers la lumière. Vous savez, parfois il ne faut pas grand-chose pour aider un esprit à aller dans la lumière. De l'amour et de la compréhension, c'est tout.

LA CAGE DE VERRE

Dans la deuxième histoire, la séance s'est déroulée à mon bureau. J'étais en communication avec une femme dont le mari s'était suicidé. Elle voulait savoir s'il était bien et s'il pouvait lui expliquer les raisons de son geste. Entrer en contact avec cet esprit était très difficile, mais à force de me concentrer je finis par y arriver. L'esprit se présentait à moi dans une cage de verre. Il nous voyait mais continuait de rester derrière cet écran vitré. Grâce à la télépathie, l'homme me fit comprendre qu'il s'en voulait énormément, qu'il demandait pardon à sa femme et que lui-même n'arrivait pas encore à comprendre son geste. Pendant qu'il me parlait, je donnais de l'énergie à cet esprit. Une fois de plus je lui expliquai, ainsi qu'à sa femme, que les âmes qui se suicident peuvent aller vers la lumière à condition d'en accepter les conséquences. Peu à peu, j'ai vu s'ouvrir les côtés de la cage de verre et j'ai senti le taux vibratoire de cet homme augmenter rapidement. Il commençait à s'élever dans la lumière. Ce qui est particulier dans cette histoire, c'est la présence de la cage de verre. Habituellement, les esprits suicidés se voient derrière des barreaux de fer, semblables à ceux que l'on voit en prison.

Si un être cher mort par suicide vient chercher du réconfort auprès de nous et qu'il voit que nous croyons qu'un suicidé doit être en punition dans une prison quelconque ou que nous entretenons de la culpabilité à l'égard du geste commis, tout cela entraîne la stagnation de l'esprit au lieu de l'aider. Qu'est-ce qui peut réellement aider un esprit à partir de l'ombre pour aller dans la lumière ? L'amour, le pardon et la compréhension.

Lors de mes communications, s'il arrive que je dise à une personne que l'esprit d'un proche parent décédé par suicide n'est pas encore arrivé dans la lumière, elle me demande invariablement pourquoi un autre être cher décédé ne peut lui venir en aide. Les guides ont déjà répondu à cette interrogation. Pour aller dans le bas astral, il faut être expérimenté, car l'influence des esprits perdus sur ce plan pourrait rendre confus un être qui n'a pas atteint un degré élevé de vibrations. Il en résulterait deux âmes perdues, confuses et errantes au lieu d'une seule. C'est pourquoi les guides leur donnent tout le temps voulu pour faire eux-mêmes une prise de conscience assez forte, afin que leurs guides descendent à nouveau sur ce plan afin de les ramener vers la lumière.

LA COMMUNICATION AVEC UN ESPRIT SUICIDÉ

Les esprits décédés par suicide vont tenter eux aussi d'entrer en contact avec vous par des signes. Dépendamment de leur confusion et de leur degré d'élévation, ils feront les mêmes signes que les autres. Vérifiez autour de vous si cet être cher ne tente pas de vous dire quelque chose. Essayez de lui pardonner, de le comprendre et de passer par-dessus votre peine et vos sentiments. Parfois, son message est de vous demander de l'énergie pour l'aider à s'élever dans la lumière. Parlez-lui avec amour, rappelez-vous les bons souvenirs, les bonnes actions que cette personne a pu faire durant son passage terrestre. Tout cela aide l'esprit à s'élever. Répéter la technique d'envoi dans la lumière présentée au chapitre 1.

LES ACCIDENTS TRAITÉS COMME DES SUICIDES

Maintenant je vais aborder une partie délicate du suicide: les accidents qui sont traités comme étant des suicides. Je répète que je ne vous mentionne que ce que je reçois dans des témoignages de gens venus me consulter, des manifestations d'esprits venus transmettre des messages à leurs proches ainsi que des apprentissages communiqués par les guides spirituels. Dans un chapitre précédent, j'explique que lors d'accidents les esprits ne ressentent aucune douleur, qu'ils sortent de leurs corps avant même de subir l'impact funeste. Pour certains accidents de la route non explicables, des personnes bien intentionnées nous disent que notre être cher est décédé pour l'une ou l'autre des raisons suivantes: il s'est endormi au volant ou il s'est suicidé. Parce qu'aucune trace de freinage n'est visible sur les lieux de l'accident, parce que les conditions météorologiques, la mécanique et la santé de la victime ne sont pas en cause, on croit que la personne qui était au volant s'est probablement endormie et qu'elle ne s'est rendu compte de rien, ou encore on croit qu'elle l'a fait exprès.

Mais si une autre raison était possible? Si la personne était sortie de son corps avant que l'accident ne se produise? Et que ce corps, une fois qu'il n'avait plus de conscience, ne pouvait réagir à une courbe ou à un obstacle devant lui? Serait-il possible que ce soit l'explication d'un accident auquel on ne trouve aucune raison?

J'ai reçu plusieurs messages médiumniques selon lesquels, une âme peut sortir de son corps avant un impact, mais le plus troublant c'est qu'une femme, bien vivante, venue pour communiquer avec son mari décédé dans un accident de voiture, m'a raconté l'histoire suivante...

SORTIE DE SON CORPS

Elle et son mari étaient à bord de leur voiture et s'en allaient sur la route. Ils discutaient allégrement lorsque soudain elle s'est sentie sortir de son corps. La seconde suivante elle survolait une scène d'accident, leur accident. À ce moment, elle a perdu connaissance. À son réveil, elle s'est rendu compte qu'elle était prisonnière de la voiture, les ambulanciers lui disaient de tenir bon, elle ne comprenait plus ce qui lui arrivait. Ce n'est que plusieurs jours plus tard qu'elle s'est rappelée être sortie de son corps et avoir vu la scène de l'accident. Elle m'a mentionné ne rien avoir senti lors de l'impact, seulement après être retournée dans son corps. Elle s'en était sortie alors que son mari, lui, était mort sur le coup. Cela confirmerait-il ma croyance?

Mais si par malheur les agents, au cours d'une enquête concernant une personne décédée dans un accident, posent plusieurs questions à l'entourage et qu'ils perçoivent dans les réponses données que la personne passait un mauvais moment, ils vous donneront probablement comme raison: possibilité de suicide. Dans certains cas, ils auront tout à fait raison, mais dans d'autres, ils feront sans le savoir des dommages très importants. Pour la famille qui reçoit ce verdict et qui devra vivre avec l'idée que leur enfant ou parent s'est possiblement suicidé. Et pour l'esprit qui vient de passer dans un autre monde, car la fin de sa mission est arrivée naturellement. Il tentera sans doute de dire à ses proches vivants que le suicide n'était pas la cause...

Mon père est décédé dans un accident impliquant un train et un gros camion. La personne qui l'accompagnait dans le train a tout juste eu le temps de sauter avant l'impact et il s'est mis à crier à mon père de sauter. Dans les circonstances, mon père aurait eu le temps de sauter mais ne l'a pas fait. L'homme qui a sauté avant lui a raconté que pendant qu'il lui criait de sauter, il a vu une grande lueur blanche s'élever au-dessus du train. Aux funérailles, certains ont suggéré que mon père s'était suicidé parce qu'il faisait des changements dans sa vie personnelle et avait vécu quelques petits ennuis. Nous aurions pu les croire, mais cela ne ressemblait pas à mon père. Nous avons donc fait taire ces gens et nous en sommes restés avec une autre perception. Un témoin de la scène nous avait parlé de la lueur blanche, c'était assez pour nous faire croire à autre chose qu'à un suicide.

ACCIDENT DE PICK-UP

Dans une autre séance, une femme vient me voir pour communiquer avec son mari, décédé il y a seulement quelques mois. Elle était totalement défaite, mais en même temps elle voulait me montrer qu'elle était forte. Nous commençons par quelques explications au sujet des esprits. Tranquillement je canalise son mari, il évolue très paisiblement, il semble y avoir un obstacle. Je lui demande alors si son mari est décédé subitement, car habituellement, c'est le cas dans ce genre de communication. Elle me répond que son mari est décédé dans un accident de la route. Tout de suite après le mari est mécontent (émotion terrestre), il ne veut pas que sa femme pense à ça tout le temps. Devinant possiblement de quoi il s'agit, c'est-à-dire le verdict de l'enquête, j'explique à la femme ma croyance, avant qu'elle ne me raconte la façon dont son mari est décédé. Ses yeux s'illuminent et je sens près de moi l'esprit de son mari devenir plus léger, plus heureux. Elle me raconte alors ce que le témoin de l'accident avait dit dans sa déposition. L'homme roulait sur une route droite à l'extérieur de la ville, c'était en fin de soirée, il faisait beau. En avant de son pick-up roulaient une voiture et un gros camion, derrière lui, une voiture, celle de la femme témoin. Quand la route permit un dépassement, l'homme mit son clignotant et dépassa la voiture et le gros camion, puis la femme derrière lui fit de même. Ils roulaient tous maintenant à la queue leu leu sur cette route, à la vitesse permise. Soudain, à peine quelques mètres plus loin, le pick-up s'est mis à faire des zigzags et a tourné carrément à droite en direction du fossé. Il a fait quelques tonneaux et s'est immobilisé.

L'enquête a montré que ni le véhicule ni la chaussée n'était en cause dans l'accident, ni la santé de monsieur. Les enquêteurs ont alors posé beaucoup de questions à la femme sur la vie personnelle de son mari. Ils n'étaient pas sûrs qu'il s'était suicidé, mais ils ont tout de même laissé entendre à la femme que cela pouvait être le cas. Sinon, la thèse de l'endormissement au volant était la plus plausible. Si nous utilisions notre logique nous aussi pour essayer de faire la lumière sur ce point ? Tout le monde a des hauts et des bas. Dans ce cas-ci, rien n'était dominant, aucune dépression diagnostiquée, seulement un moment de lassitude, alors pourquoi parler de suicide? Ensuite, comment une personne peut-elle se concentrer à attendre une ligne pointillée pour dépasser, mettre son clignotant, dépasser une voiture et un gros camion, revenir dans sa voie, tout ça adéquatement, puis s'endormir quelques mètres plus loin? Depuis plusieurs mois maintenant la femme luttait contre ces affirmations, son sommeil était troublé, ses journées étaient difficiles... et l'esprit luttait pour faire comprendre à sa femme de ne pas avoir pareilles pensées. Il lui a clairement dit dans son message que son temps terrestre était terminé et que maintenant il veillait sur elle et ses enfants.

Comme mentionné plus haut, nous n'avons aucune preuve de ce fait, ce sont des interprétations, tout comme celles que nous recevons lorsqu'une enquête est incapable de démontrer hors de tout doute ce qui a été la cause de l'accident. Il y a beaucoup moins de mal à avoir cette croyance en tête que de vivre avec la pensée que la personne s'est suicidée; alors seulement pour cela, il me fait plaisir d'avoir cette croyance.

Les esprits à qui ces événements sont arrivés ont besoin de se faire comprendre pour cheminer vers la lumière. Et il n'y a pas que dans les accidents de la route que la thèse du suicide est évoquée.

IL HABITAIT SON SOUS-SOL

Une amie à moi voulait vendre sa maison, alors lui offrant d'y faire un ménage énergétique je fais le tour de sa maison avec mon petit rituel de nettoyage. Dans une des pièces du sous-sol, je sens la présence d'un esprit masculin. Croyant qu'il s'agit du père de mon amie, je me concentre sur celui-ci. Au lieu de canaliser son père, j'ai plutôt canalisé son frère, décédé lui aussi. Comme elle et moi n'avons jamais vraiment parlé du décès de son frère, je continue mon nettoyage en me disant que mon amie a intérêt à modifier cette chambre si elle veut que sa maison se vende, car l'énergie y est négative. De retour en haut, nous nous mettons à parler de ce frère. Pour elle comme pour les autres membres de sa famille, le décès de ce frère était difficile à prendre, même si quinze ans se sont écoulés depuis, car la thèse du suicide par overdose était ce que la famille avait eu comme résultat d'enquête. Enquête qui avait été vite bâclée à la demande des parents, tellement la honte et la douleur étaient vives. Tout en parlant, mon amie s'aperçoit qu'une autre raison pouvait expliquer la mort de son frère. Des détails enfouis dans sa mémoire sont revenus et, en les regardant d'un œil nouveau et avec l'aide du frère décédé, une autre raison que le suicide est apparue.

Cela a aidé mon amie à faire la paix avec ce décès, jamais accepté, mais imaginez l'esprit, lui!

Il a pu avec notre aide à tous faire comprendre une situation et ainsi quitter la maison de sa sœur pour la libérer de son emprise et enfin continuer son évolution dans un autre plan.

Si vous avez des doutes concernant le résultat d'une enquête, si dans votre for intérieur une autre explication tente de faire sa place, cela vaut la peine d'y jeter un coup d'œil. L'esprit vous en sera reconnaissant, et votre âme aussi.

Suggestion de film:
Au-delà de nos rêves.

Chapitre 9

Préparer sa mort

De plus en plus de gens participent à l'élaboration de leurs funérailles, par des préarrangements, la planification de leur testament et de leurs mandats d'inaptitude. Alors, il devient normal maintenant de voir des gens préparer leur «après-vie», et cela est fortement conseillé par nos guides.

Commençons tout d'abord par vos croyances. Quelles sont-elles? Vous croyez qu'il y a une vie après celle-ci? Jusqu'à quel point va votre croyance? Il est normal que tout au long de votre vie ces croyances changent pour plusieurs raisons, dont celle de votre âme qui évolue au fil des expériences qu'elle aura vécues.

Quelle est votre perception face à la mort? Crainte, peur, anxiété ou curiosité mêlée d'appréhension? Des gens ont hâte de partir en voyage de l'autre côté afin d'y trouver un calme et une paix. Dans le cas des gens qui ont été déclarés cliniquement morts, qui en ont eu conscience et qui en sont revenus, la majorité ont hâte d'y retourner.

Quelques personnes pourront planifier comme il faut leur départ et leur après-vie, après avoir appris qu'un diagnostic sévère les conduit vers l'au-delà. Elles seront à même de faire une visualisation rapide de ce que sera leur vie dans un autre plan.

Les infirmières et les accompagnateurs font ici un très beau travail, je leur dis un beau bravo. La plupart vont tenter de respecter les dernières volontés d'une personne mourante, toujours dans la mesure du possible. Mais surtout, ils vont croire ces malades sur leur lit de mort, lorsqu'ils diront qu'ils voient leurs parents aujourd'hui décédés ou qu'ils sentent une présence dans leur chambre. D'autres vont parler des belles couleurs qu'ils voient ou de la musique qu'ils entendent.

Les personnes sur le point de mourir ont besoin qu'on leur tienne la main, surtout celles qui sont seules et sans famille. Elles ont besoin de réconfort. Dites-leur que leur ange gardien les attend, qu'un membre de la famille est là tout près ou même que leur ancien chat ou chien est là lui aussi. Ces personnes vont partir plus calmes, plus sereines. Elles ont besoin qu'on les écoute, une dernière fois. Bien souvent, elles vont commencer à voir des images et à entendre des sons qui ne sont pas sur notre plan, cela veut dire qu'elles ont commencé à quitter leur corps. Surveillez-les bien et voyez les changements qui se produisent dans leur corps physique.

Dites-leur qu'elles peuvent partir, libérez-les, ayez des pensées d'amour pour elles. Aidez-les dès maintenant à s'élever vers la lumière. Leur âme ne souffrira plus physiquement et partira vers une nouvelle mission.

VISUALISEZ VOTRE NOUVELLE MAISON

Vous pouvez dès à présent visualiser votre nouvelle maison dans l'au-delà. Visualisez-la exactement comme une maison parfaite. Elle peut avoir des portes ou non, là-haut, la température n'est pas un facteur que l'on prend en compte, tout comme il n'y a pas de voleurs qui vont entrer chez vous sans votre consentement. Votre maison peut être petite ou grande, la taille du terrain est illimitée sur les plans de l'au-delà. Vous pouvez la visualiser en pierre, en brique, en carton ou même en chocolat si vous voulez!

Elle peut avoir un style campagnard, suisse, moderne, zen... il y a un milliard de possibilités, la seule règle est qu'elle vous plaise. Elle pourra même être modifiée chaque fois que vous y penserez, vous pourrez ajouter ou enlever tout ce que vous voudrez à tout moment.

Imaginez-la surtout remplie de lumière, d'énergie, d'amour et de joie. Vous pouvez être entouré de végétation, de cours d'eau, de béton aussi! Oui, oui, vous pouvez vous visualiser en pleine campagne, tout comme vous pouvez vous visualiser dans un plan plus citadin. Il n'y a pas de limite à votre créativité. Plus vous y mettrez des émotions, plus cette image s'imprimera dans un plan précis, celui dans lequel vous arriverez lorsque vous aurez fini votre mission terrestre.

De plus, vous pourrez aller voir cette maison dans vos rêves. Vous pourrez y séjourner à chacun de vos passages si vous le désirez et y donner rendez-vous à vos guides, votre ange gardien et, pourquoi pas, à une personne décédée.

Chapitre 10

Messages venant de l'au-delà

Ces messages m'ont été envoyés tout au long de l'écriture de ce livre. Certains esprits ont laissé leur nom, d'autres sont restés anonymes. Je souhaite sincèrement que vous en trouviez un pour vous et qu'il puisse vous réconforter.

«Ma petite maman, je pense à toi souvent. Je suis près de toi et je ne vous oublie pas. J'entends tes prières, elles me font du bien. C'est comme lorsque j'étais petit et que tu me berçais dans tes bras. Merci maman.»

Message de Frank(y)

Ici, je vous ferai part d'un message quelque peu spécial car c'est un message en image plutôt qu'en paroles que j'ai reçu.

Une petite fille me montre un dessin, une maison de couleur orange (elle dit que c'est pour la chaleur). Elle a une émotion de peine (elle dit que c'est parce qu'elle a de la difficulté à communiquer avec sa maman), elle ne la comprend pas (sa maman). L'énergie qui l'entoure est douce et une odeur de bonbon chatouille mes narines en écrivant le message. Elle est avec un guide et elle a dessiné ce guide sur son dessin, tout en brun. Elle dit qu'il est gentil (le guide) et qui lui explique pourquoi elle ne peut communiquer avec sa mère. «**Au revoir.**»
(Le guide est venu la chercher.)

Message de Mélodie, 3 ans

«Ici tout fonctionne bien. Je dois vous dire, parents et amis, que je suis très occupé. La santé de papa me préoccupe quelque peu. Maman, peux-tu lui dire de faire attention à lui? Je sais que votre communication est difficile, mais il faut savoir oublier ses différends pour un instant. Merci d'avoir pris le temps de m'écouter.»

Bertrand Olivier

«Ma chère sœur, pardonne-moi de ne pas t'avoir donné de nouvelles avant ce jour. Je ne savais pas encore comment le faire. Je choisis ce moyen en espérant qu'il viendra jusqu'à toi. Merci. Je suis bien et j'ai trouvé la paix.»

Béatrice

«Ne t'en fais pas, tout va bien maintenant. Ils ne m'ont pas fait mal. Je n'ai été ici que quelques minutes, mais j'ai été avec toi durant neuf mois. J'étais là quand tu me parlais.»

Petit bébé à qui l'on a fait une autopsie

«Que de questions et de questions! Je reconnais là votre soif de tout connaître et de tout savoir, (soupir) hélas, même si je voulais avoir de longs discours avec vous, le temps ne me le permet pas. Mais je vous aime et je pense à vous.»

Un homme cultivé

«Maman, tu ne connaîtras la paix que lorsque ton tour viendra! En attendant, je veux que tu saches que je suis près de toi et des autres. Je t'aime très fort et je poursuis ma nouvelle mission. Continue de faire le bien autour de toi, les gens ont besoin d'une femme comme toi, moi j'ai su en profiter et j'en suis heureux.»

Santino

«Qu'il est bon de communiquer avec le plan terrestre! Vos âmes sont belles. Il y a longtemps que je n'avais tenté une communication avec vous. Vous direz à ma petite-fille que je suis toujours près d'elle et que je l'aime énormément. Merci.»

Grand-maman Élisabeth

«Je m'ennuie de nos tournées et de nos virées. Vous me manquez, mon évolution se fait très lentement. Les explications de ce livre vont aider plusieurs âmes, mais vont aussi aider les esprits dans leurs cheminements. Avec toute l'énergie que vous déployez en prière, vous nous faites du bien.»

Alain (décédé par suicide)

«Vous avez été de bons parents et je vous remercie. Mon calvaire terrestre s'est enfin terminé et je suis maintenant libéré. Priez pour moi avec des larmes, avec des rires, mais continuez de prier, cela me fait du bien.»

Daniel

«J'aimerais vous livrer un message de paix et de lumière. Vos âmes deviennent plus évoluées de jour en jour. Les nouveaux enfants qui vont naître vont être préparés pour tous les changements climatiques se passant sur votre plan terrestre, tout comme vous l'avez été lors des derniers changements. La guerre entre vous est beaucoup plus dangereuse que tous ces changements climatiques. La nature se fait entendre, lorsque l'homme ne sait plus écouter à l'intérieur de lui. Vous n'êtes pas seuls, nous sommes près de vous.»

Blanche

«Maman, il faut écouter, il y a de la musique quand je te parle. Eh oui, c'est moi dans tes rêves, j'essaie de te dire quelque chose. Papa, lui, est capable de m'entendre, mais il ne te le dit pas encore, il a peur. Il est drôle parce qu'il passe sa main dans ses cheveux quand il veut plus m'entendre! (rires d'enfant)»

Garçon de huit à dix ans décédé par accident

«Le couloir a été long! (parlant avec une voix essoufflée) Mais je suis arrivée. À toute ma famille je veux vous dire merci, merci d'avoir été là tout au long de ma maladie. J'ai enfin trouvé la porte dont je vous parlais. Pensez à vous maintenant. Dès que j'irai mieux je reviendrai vous voir. Guy, je t'aime.»

Monique

«Je sais que tu te reconnaîtras sans avoir besoin que je te nomme. Tu es arrivée jusqu'ici et je suis fière de toi. Continue ce que tu es en train de faire car je crois en toi et je croirai en toi jusqu'au bout. La vie est faite pour être vécue et je continue de t'appuyer comme je le faisais autrefois.»

Maman

«Merci de veiller sur mes enfants, d'allumer cette chandelle pour moi, cela me fait du bien et m'aide à continuer dans le plan où je suis. Je t'aime.»

Cendrine

«Bé, je suis toujours avec toi! Et avec les petits. Je travaille fort pour t'envoyer des messages et je suis content que tu les reçoives. Je t'aime beaucoup. Dis à la petite que j'ai vu ce qu'elle a fait et que je suis extrêmement fier d'elle et que cela me touche beaucoup.»

Sylvain (conjoint de Chantal)

Chapitre 11

Protection personnelle

La protection personnelle est essentielle pour toutes expériences psychiques. Elle vous aidera à vous protéger des interventions du monde astral et des gens négatifs que vous côtoyez chaque jour. Vous pouvez faire cette protection tous les jours et même plusieurs fois dans la journée s'il le faut. Faites-la quand vous en ressentez le besoin.

- Placez-vous dans une position confortable, peu importe l'endroit.
- Fermez vos yeux et prenez trois grandes inspirations profondes.
- Détendez tous les muscles de votre corps.
- Visualisez une belle lumière blanche. Visualisez-la bien.
- Visualisez que cette lumière vous enveloppe entièrement, comme un œuf.
- Visualisez qu'elle entoure chaque membre de votre corps.
- Visualisez-la au-dessus de votre tête, dans votre dos, chaque côté de vous, passant sous vos pieds et se refermant devant vous.

- Terminez en demandant à votre ange gardien de vous protéger contre le négatif.

NETTOYAGE ENERGÉTIQUE

Procurez-vous le matériel suivant:
- **Sel de mer:** blanc sans odeur (vous en trouverez en pharmacie)
- **Encens:** sauge et oliban
- **Chandelle:** blanche

Faites votre protection personnelle avant d'entreprendre tout nettoyage énergétique.

Demandez la présence de votre ange gardien ainsi que celle de vos guides du moment présent.

POUR NETTOYER UNE PIÈCE EN PARTICULIER

- Entrez dans la pièce et fermez la porte derrière vous.
- Mettez l'équivalent d'une petite poignée de sel de mer dans les quatre coins de la pièce, que vous pourrez laisser là, jusqu'au prochain balayage de cette pièce.
- Placez-vous au centre de la pièce et allumez la chandelle ainsi que les encens.
- Prenez trois grandes inspirations et visualisez une grande lumière blanche inondant la pièce.

Imaginez cette lumière partout autour des fenêtres, des murs, du plancher et du plafond.
- Tout en vous déplaçant avec les encens partout dans la pièce, en longeant les murs, les fenêtres et les portes, faites vos prières. Demandez que cette pièce soit remplie de paix, de joie, d'amour et de plaisir.
- Lorsque vous avez terminé, ouvrez une fenêtre en disant: «Que tout le négatif sorte de ma maison.»
- Éteignez votre chandelle.

POUR NETTOYER TOUTE UNE MAISON

Procédez de la même façon que pour une pièce en particulier, commencez par le hall d'entrée et faites toutes les pièces et espaces de la maison. Pour chacune des pièces que vous aurez nettoyées, fermez la porte derrière vous avant de vous diriger vers la prochaine. Vous pouvez répéter ce nettoyage aussi souvent que vous en ressentez le besoin.

POUR NETTOYER VOS PROPRES ÉNERGIES

Ce rituel peut-être fait lorsque vous sentez que des énergies négatives vous entourent et que la méthode de protection personnelle fonctionne difficilement. Utilisez le même matériel que pour les nettoyages de lieux physiques.

- Installez-vous confortablement sur une chaise ou, si vous préférez, restez debout.
- Faites un cercle avec le sel de mer tout autour de vous-même, à environ un pied de vous.
- Déposez la chandelle allumée et les encens allumés à vos pieds, devant vous.
- Fermez les yeux et prenez trois grandes inspirations.
- Demandez à tout ce qui ne fait pas partie de vos énergies de quitter vos corps énergétiques et de partir vers la lumière.
- Demandez à votre ange gardien de vous libérer de toute énergie négative accumulée dans votre aura.
- Quand vous sentez que le ménage est fait, prenez de nouveau trois grandes inspirations.
- Visualisez une grande lumière blanche vous entourant. Devant, derrière, sur les côtés, au-dessus de votre tête et en dessous de vos pieds.
- Faites une prière en demandant à Dieu et à l'univers de vous protéger contre le négatif.

Vous trouverez de plus amples informations concernant la protection personnelle et les nettoyages énergétiques dans mes deux premiers livres, *Les morts nous donnent signe de vie* et *Des esprits habitent nos maisons*.

Un dernier mot

Je suis toujours heureuse de vous rencontrer pour une consultation médiumnique avec les gens décédés ou pour connaître les probabilités de votre avenir afin de vous éclairer dans vos démarches spirituelles. Je fais de la consultation à mon bureau sur rendez-vous et je me déplace pour les groupes.

- Conférences sur la communication avec l'au-delà
- Ateliers sur comment comprendre les messages qui nous viennent de l'au-delà

Surveillez mon site Web pour connaître les dates et les endroits.

Si vous désirez organiser une conférence ou un atelier dans votre région, communiquez avec nous.

La Maison du Verseau
www.lamaisonduverseau.com
info@lamaisonduverseau.com
514-522-7383

VOICI D'AUTRES LIVRES QUI VOUS INTÉRESSERONT

COMMANDEZ-LES SUR NOTRE SITE INTERNET

www.edimag.com

Imprimé au Canada en septembre 2007 sur les presses de l'Imprimerie Lebonfon.